いのうえせつこ
監修◎山口 広（弁護士）

信仰と政治権力の接近

新宗教の現在地

花伝社

新宗教の現在地——信仰と政治権力の接近◆目次

まえがき

新宗教とは一般的に、明治以降から近年にかけて創始された、比較的新しい宗教のことを指す。この区分については、第二章で詳しく述べる。

私が新宗教と出会ったのは、一九八七年のことだった。

この年、私は統一地方選に無所属で立候補した。選挙区は首都圏郊外、政令指定都市の新興住宅地。私の支持母体は主婦層であったが、結局、当選票数を取ることは出来なかった（得票数、約四〇〇〇票）。

しかし私は、選挙活動のなかで、少なくない主婦たちが、「朝起き会」と呼ばれる一般社団法人「実践倫理宏正会」や、「世界救世教」、「立正佼成会」、「ものみの塔」などの新宗教に熱心に参加しているのを知ることになった。なかには、「夫や義母（姑）に仕えること」が「家庭の平和につながる」と教えている宗教もあった。女性の自立を目指す運動に関わっていた私には、驚きの内容であった。

選挙後、私はフリーライターとして彼女たちへの取材を重ね、一九八八年に『主婦を魅する新宗教』（谷沢書房）を上梓した。

その後、一九九三年には、「統一協会」をはじめとする、主婦だけではなく若者たちも入信していた新宗教を取材し、『新興宗教ブームと女性』（新評論）としてまとめた。この時の取材では、カルト集団によるマインド・コントロールの怖さを、脱会者への取材から知ることになった。

「地下鉄サリン事件」が起きたのは、それから二年後、一九九五年三月二〇日のことである。

「オウム真理教」の教祖・麻原彰晃（本名・松本智津夫）の指示により、その弟子たちが猛毒サリンを同時多発的に東京の地下鉄車内で撒いた。死者一二人、負傷者六〇〇〇人以上という、日本の事件史上、類を見ない凄惨な集団テロ事件となった。現在も、多くの被害者が後遺症に苦しんでいる。

二〇一八年七月六日と二六日には、麻原彰晃をはじめとする、元オウム真理教信者一二人への死刑が執行された。

この地下鉄サリン事件の加害者となった若者たちは、おしなべて、周囲からは〝優秀〟という評価を受けていた。「なぜ、そのような若者たちが」という視点から書いたのが、一九九五年七月に著した『増補版　新興宗教ブームと女性』（新評論）である。

地下鉄サリン事件は内外に大きな衝撃を与え、オウム真理教が抱えてきた闇――坂本弁護士一家殺害、教団内での数回にわたる信徒殺人、教団敷地内でのサリン製造プラントの建設、松本サリン事件など――が、次々と明らかになった。

私も、新宗教についての取材経験をもとに、オウム真理教の真実に迫ろうとする人々と関わることがあった。一九八九年に起きた坂本堤弁護士一家殺害事件について、坂本弁護士一家は「失踪」したのではないかと言われていた時期には、横浜弁護士会（現、神奈川川弁護士会）の方々から質問を受けた。また、『「オウム真理教」追跡2200日』で菊池寛賞を受賞された、神奈川新聞記者（当時）の江川紹子さんとは何度も電話で話をした。

しかし、潜入ルポを常とする私は、若者の信者が多いオウム真理教を直接取材するには至らなかった。

それでも、地下鉄サリン事件から二五年、新宗教への関心は尽きなかった。

新宗教や、特にそのマインド・コントロールのあり方について、関連の本があれば購入し、読んでは本棚に並べた。

そして二〇一九年一二月末、私はある新宗教と再会を果たした。

統一協会である。

統一協会は、一九六〇年代に韓国から日本に上陸。「原理運動」と称して、反共活動を伴う宗教活動を展開した。主に学生であった信者たちが、学業をおろそかにしたり、親との関係を一方的に切ろうとしたことなどから、七〇年代には「親泣かせの原理運動」という言葉も生まれた。八〇年代には高額な宗教グッズを売りつける「霊感商法」が社会問題化、九〇年代にかけては、年間一〇〇億円を超える被害額となり、多くの相談が寄せられた年もあった。

マスコミで取り上げられなくなったのは、二〇一五年、統一協会の名称が「世界平和統一家庭連合」（略称、家庭連合）に変わったことも影響しているだろう。しかし、その反社会的な霊感商法による被害は現在も相次いでいる。

私は、その「家庭連合」が、二〇一九年一二月、私の地元である横浜の公立施設を使用して講演会を開催していることを聞きつけた。

これが、本書執筆のきっかけとなった。

田野大輔著『ファシズムの教室――なぜ集団は暴走するのか』(二〇二〇年、大月書店)のなかで、興味深い実験を紹介している。

実験とは、田野が担当する大学授業において、「ファシズムとは何か」を学生に体験させるというものだ。

まず、学生たちには全員同じ服装(白色のワイシャツにジーパン)を着用させる。ヒトラー役を田野が務め、「タノ総統」の命令に応じる際には、片手を斜め横に上げて、「ハイル、タノ!」と呼ばせる。もちろん、タノ総統の命令には必ず従わねばならない。

学生たちは、初めこそ違和感を抱くが、そのうちタノ総統に従うことに快感を持つようになる……。

これはまさに、現実のヒトラーが権力を掌握した時代、多くの善良なドイツ人たちが「自発的に」、ユダヤ人やジプシーたちへの殺戮に手を染めた歴史へとつながる。そうして生まれたホロコーストの犠牲者は、推計六〇〇万人といわれている。

田野によれば、ファシズムの仕組みと方法は、学校のいじめや新興宗教の洗脳、街頭でのヘイトデモなどにも使われているという。

反社会的な新宗教の隆盛は、民主主義の破壊にもつながっていくだろう。政治と宗教の分離を謳う「憲法第二〇条」との関係も深慮すべきだ。

本書では、現代の様々な新宗教の仕組みを明らかにしながら、「権威への服従」と「異端を許さないことが気持ちいい社会」の正体を追いかけてみたい。

なお、本文中の敬称は基本的にすべて略とした。

第一章　世界平和統一家庭連合（旧統一協会）

一枚のチラシから

それは、一枚のチラシから始まった。

二〇一九年の一二月、私は、友人から一枚のチラシを受け取った。

「これって、あなたが以前追いかけていた『統一協会』のことじゃないの?」

Ｂ５判のチラシには、大きく「ハッピーFamily講演会」の文字。続けて、「家族の絆を深める為に」という見出しに「『どうしたら幸せになれるか?』をテーマに、幸せのヒントを、ご提案する講演会です。どなたでも、お気軽にご参加ください」と書かれている。

主催は、「世界平和統一家庭連合」。

「えっ、これって、あの統一協会?」

「そうよ。統一協会が名称を変えたのよ。駅前でチラシを配っていたので、もらってきてあげたのよ」

「ありがとう!」

ハッピー
Family
講演会
家族の絆を深める為に
「どうしたら幸せになれるか？」をテーマに、幸せのヒントを、
ご提案する講演会です。どなたでも、お気軽にご参加ください。
祝
新元号
令和
新しい時代が始まりました。
あなたも新しい自分に出逢いましょう！
【講演会参加者の喜びの声】
友人に誘われ、軽い気持ちで参加しましに。思いもよらぬアドバイスが聞けてとても良かったです。実行するうちに家族の仲がとても良くなり、家の中が明るくなりました。
12月23日(月)
開場　13時45分　開演　14時00分
場所　男女共同参画センター横浜　2Fセミナールーム3
フォーラム
戸塚西口
バスセンター・
タクシーのりば
国道一号線
トツカーナ
戸塚区
総合庁舎
朝日橋
バス停
戸塚駅西口
交番
出口6
(地下改札より)
西口
戸塚駅
至大船
JR東海道線
横須賀線
東口
至横浜
上記以外の講座及び
相談会の日程は
応相談が出来ます。
主催
世界平和統一家庭連合　戸塚家庭教会
[redacted]

資料1　友人にもらった家庭連合の講演会チラシ

統一協会。

韓国発生の新宗教で、サークルと称した宗教活動に大学生などの若者を引きずりこんだことから、当初は「親泣かせの原理運動」という言葉が生まれた。一九九二年の夏には、「合同結婚式」と呼ばれる信者同士の結婚式に、歌手の桜田淳子などの有名人が参加したことが話題を呼び、広くその名を知られることとなった。その後、主婦を主なターゲットとして、高額の印鑑や壺などを売りつける霊感商法を行っていることが判明し、大きな社会問題となった。

私も、『新興宗教ブームと女性』を上梓するにあたって、当時の統一協会の講演会にもぐりこんで、「壮婦《そうふ》」と呼ばれる主婦信者や、若者たちを取材したことがある。

しかしその後、一九九五年に起きた地下鉄サリン事件へのショックもあり、旧統一協会はその陰に隠れる形で、報道からほとんど姿を消した。

私も、統一協会がその名称を世界平和統一家庭連合（略称、家庭連合）と変え、現在も霊感商法や合同結婚式を行っていたことを知らなかった。

二〇一五年八月二六日、旧統一協会は、統一協会から世界平和統一家庭連合への名称変更を、文化庁から認証された。

教祖の文鮮明（一九二〇年～二〇一二年）は、一九九七年には教団の名称変更を命じていたが、霊感商法などの反社会的行為が考慮されたため、認証は二〇一五年まで実現しなかった。

この二〇一五年の名称変更の背景には、当時、文化庁を統括していた下村博文自民党衆議院議員の存在が大きいとされている。もちろん、彼が安倍元首相の側近であったこととも無関係ではないだろう。このあたりについては後で詳しく述べる。

さて、統一協会から家庭連合へと名称は変更されたものの、多額の金銭を巻き上げる霊感商法は現在も行われているという。そんな、家庭連合（＝旧統一協会）の現在の姿を確かめるべく、私は横浜市の公立施設、「男女共同参画センター横浜」で開かれるという「ハッピー Family 講演会」に足を運ぶことにした。


会場に集まっている参加者は、ごく少人数であった。これは、私が一九九〇年代前半に統一協会（当時、以下略）の講演会場にもぐりこんだ時とは大きく違い、めんくらった。当時は、会場からあふれんばかりの参加者（その多くが主婦）がいたからである。

二〇一九年現在。会場であるセミナールームには、六〇代と思われる地味な服装の主婦が四名と、主催者側と思われる女性が四、五名集まっているだけだった。彼女達の参加は予定調和的な側面もあったのか、突然の参加者となった私は、部屋にいる全員を驚かせたようだった。

受付らしき机に置かれた用紙に、氏名を書くようにと言われる。想定外だったが、拒否するわけにもいかないので、旧姓を書く。

そして、案内された右側のブロック、一番前の列に置かれた席に座った。他の参加者は、左側のブロックに集まっている。これでは、彼女たちと話ができない。

その上、ふと気が付くと、私はいつの間にか、家庭連合の会員と思われる女性たちに囲まれていた。

そこで、隣の女性に話しかけてみた。

「講演会ですよね。レジュメや資料はないの？　あったら、下さい」

話しかけられた女性はあわてて席を立ち、他の壮婦（主婦信者）と相談して、一枚のチラシを私に差し出した。

「これはチラシじゃないの。資料とかないの？」

「これしかないので……」

「講演会なのでしょう。資料がないなんて、おかしくないですか」

彼女としばらく押し問答をしていると、司会者らしき女性が、話し始めた。

「それでは、これからハッピー・ファミリー講演会を始めます。今日の講師は、姓名判断などで有名なフカガワ先生です！」

講師は、四〇代くらいの、小柄でやせ型、貧相な印象を受ける男性だった。淡い紺色の、どう見ても高級には思えない背広を着ている。

黒板に映し出された「ハッピーFamily」の文字を背に、彼は抑揚のない口調で講演を始めた。

「私は、九州の佐賀の生まれです。上には腹違いの姉が二人いました。姉たちは仲が悪かったし、それぞれ結婚しても、すぐ出戻ってきました。その上、漁師だった父親は酒飲みで、海におぼれて死んでしまいました。こんな家族で育ったのですが、これはひとえに、祖先を大切にしなかったからなのです」

彼はここで一息ついて、こんなことを言った。

「皆さん、罪という字を知っていますね。上に『四』、その下に『非ず』と書きますね」

私は思わず、「始まった！　それって因縁トークですよね」と言いそうになった。

因縁トークは、霊感商法を引き出す窓口になる。

因縁トークではまず、「家系図づくり」に話を持っていく。これは、四代前の祖先に話を持っていくためだ。多くの人は、三代前の祖父母については知っているが、四代前がどのような人生を送ったのかを知らない。これを利用して、例えば四代前の祖先が戦死したらしいということになれば、「戦死したあなたの祖先は、海の底で今も苦しんでいる。だから、成仏してもらうためにお布施が必要です」と言って、多額の献金を要求するのだ。

この、因縁トークを霊感商法に結びつけるやり口は、二五年前に統一協会を取材した時から変わっていないようだ。

講師は話を続けている。

「……これで、なぜ私の家族が不幸になったのかわかりますよね。四代前の先祖が成仏していないからなんですよ」

左側のブロックに座っている参加者たちの方に目をやると、講師の問いかけに、全員がこっくりと頷いている。

「教祖の文鮮明様も、おっしゃっています」

……今日の講演会の参加者がどのような経緯で、あるいは何と言われて参加したのかわからないが、「文鮮明」の名前を出してしまえば、家庭連合が旧統一協会であると明らかにしているようなものではないか。

だが、待てよ。彼女たちは、こうした集会に、もう何度も連れて来られていて、「証《あかし》」を受けているのかもしれない。統一協会は、表向きには正体を隠しての街頭勧誘を自粛するよう信者に促しており、ごく稀に、勧誘時に初めから教団名を明かす「証し伝道」を行うことがある。

それにしても、私のような初めての参加者がいるにもかかわらず、「文鮮明」の名前を出してしまっていいのか、とツッコミたくなった。私が何者であるかもわからないのに。

この講師も含めて、家庭連合の会員は全員マインド・コントロールされていて、自分の頭で考えることができなくなっているのかもしれない。会場のなかで、家庭連合側の人間ではない私だけが、「危ない！」と思うのは、実におかしなことだった。

講演会は一時間ほどで終了した。

講演内容は、九〇年代前半に私が統一協会を取材した際に聞いた話と同じだった。名称を変えても、やっていることは同じなのだと実感した。ここを入り口とした霊感商法や合同結婚式もそのまま継続されているのだろう。

この因縁トークを、参加した主婦たちがどのように受け止めたのかと、彼女たちが話している方に耳を傾けると、皆口々に同じようなことを言っている。

「いい話だったわね。嫁に聞かせてやりたいわね」

危ない！　と思ったが、この会場が市の公立施設であることも、彼女たちの不信感を軽減しているのかもしれなかった。

時計を見ると、三時。私が立ち上がって帰ろうとすると、

「これからお茶タイムで、懇話会をしますから」

と、信者の女性に引き止められた。

「いや、この後、予定がありますから」

と、コートを着て会場を出ようとすると、

「あら、お茶菓子も用意したのに」

今度は、ペットボトルとお菓子を手渡された。私がそのペットボトルとお菓子を持って会場の外に出ると、私を囲むように四人の壮婦たちがついてきた。

彼女たち壮婦のなかには、いわゆる「霊能者」と呼ばれる女性もいたはずである。

霊能者とは、新宗教において、教団が信者の中から選んだ有能な女性のことで、信者を勧誘したり、献金をするよう説得する役目を任されている。時には「祟りがあるから」などといった理由で献金を強要することもある。

私がこれまでに出会った霊能者たちは、中肉中背で、平生は親切風だが、いざとなるとすごむことができる人が多かった。

家庭連合ではないけれど、ある新宗教の霊能者が、多額の献金を強要している場面に居合わせたことがある。信者同士の会話ではあったが、「誰があなたを守っていると思うのか」と、有無を言わさず詰め寄るその態度には、日頃の彼女を知っているだけに驚愕したものだ。

さて、会場を出て行こうとする私を、家庭連合の霊能者である壮婦たちが、口々に引き止めた。

「これから座談会をするのに」

「まあ、素敵なお召し物ですね」

「ハンドバックとスカートが同じ色なのですね」

ロングのダウンコートを褒めてみたり、スカートを褒めてみたりしながら、私を囲むように会場の外までついてくる。

なんと、私が一階に降りるエレベーターに乗ろうとすると、彼女たちもエレベーターの中にまでついてきた。

「マズイ!」と思いながら、足早にエレベーターを出ても、まだついてくる。

一階の正面玄関のドアを出てもついてくる。

けれど私も、ここで彼女たちに屈して講演会場に戻りたくはない。そう思いながら施設の敷地を出たところで、思わぬ知人に出くわした。かつて、自治会で一緒に役員をしたことがあるAさんである。

私は、彼女に声をかけた。

「あらAさん、どうしたの」

Aさんが、

「あなたこそ、どうしたの。私は本を借りに来たのよ」

と答えると、壮婦たちは、いつの間にかその場から姿を消した。

これが、久しぶりの統一協会（現、家庭連合）の講演会への潜入であった。

申入書

講演会の後、私はあらためて、旧統一協会である家庭連合が、公立施設を使用して、九〇年代と変わらぬ因縁トークを繰り広げる講演会を開催していることに危機感を抱いた。

友人たちに、このことを話すと、

「その女性センターを管理している団体に知らせた方がいいんじゃないの？」

と、言われてしまった。

そこで、当該施設を管理している財団の理事長に、反社会的な旧統一協会に会場を貸すことはやめた方がいいのではないかと、講演会でもらったチラシを同封して手紙を送った。

するとさっそく理事長からメールが届いた。

「手紙とチラシ、届きました。明らかに勧誘があったとわかりますので、対処できます。ありがとうございました」

そこで私は、『カルトって、知ってますか?』（二〇一九年、カルト問題キリスト教連絡会発行）というパンフレットを、あらためて送付した。また、講演会当日の様子を詳しく書いたものも同封した。

理事長からは、「いろいろアドバイスありがとうございます」というメールが届いた。


二月半ば、私は友人らと新年会を開いた。

ワインを飲みながらの和やかな会であった。その場には件の理事長もいたが、その場では、家庭連合による講演会の是非について、彼女からのはっきりとした回答は得られなかった。

それどころか理事長からは、「横浜の市議会議長も家庭連合の会員と近しいのですよ」という発言があった。これには、私とその場にいた友人たちも驚いてしまった。旧統一協会は、思っていた以上に広まっているとしか思えなかった。

理事長からは、後日、新年会のお礼とともに、次のようなメールがきた。

「コロナで施設がお休みなので、家庭連合の利用はありません。今後の家庭連合によるセンターの利用については、新たな執行部を作って議論いたしますので、またご報告します」

今も反社会的な霊感商法を行っている家庭連合への勧誘の機会をつくってしまっているかもしれないのに、新たに執行部をつくって検討するという。この理事長からの返信には、正直、失望した。

そもそも、この「男女共同参画センター横浜」は、一九七五年の国際婦人年から始まった「女性のための国連一〇年」のなかで、日本でも男女共同参画社会基本法が制定されたことを背景に設立された施設である。

そうした歴史を持った公立施設であることを考えても、「家庭の平和」は「先祖の成仏で叶う」と謳うような講演をする家庭連合に会場を使用させることは、やはり何かがおかしいのではないか。

私は、理事長にあらためて次のようなメールを送った。

「執行部を立ち上げる前に、全国霊感商法対策弁護士連絡会の弁護士さんたちを存じていますので、ご紹介しましょうか」

理事長からは、一か月ほど経った三月の終わり頃に、ようやく返信が返ってきた。

「ありがとうございます。コロナがもう少し落ち着いてからになりますが、また、ご連絡します」


さて、どうするか。

このまま理事長からの返事を待つか。私が自分で全国霊感商法対策弁護士連絡会（以下、対策弁連）に連絡して、家庭連合に公立の女性センター会場を貸さないようにとの「申入書」を出してもらうか。あるいは、「この事実」を、マスコミに取り上げてもらうか。

正直、私は迷った。

だが、これまで新宗教と女性の生き方や、その反社会的な行為について取材を重ねてきた自分が、このまま黙っているわけにはいかない！　と思った。

まずは、一九八〇年代半ば、統一協会による「開運商法」と称されていた訪問販売の実状を報道した神奈川新聞に声をかけることにした。

「開運商法」とは、病人や障がい者などのいる家庭を訪問して、「これを買わないとますます不幸になる」などと言って、印鑑や壺を高額で買わせる悪徳商法である。

神奈川新聞は、この開運商法について、一九八六年六月一日付の新聞で「悪質関連商法、根絶を！」といった記事を掲載した。すると、その後三日間にわたって、一万件近い無言電話や猛烈なファックスでの攻撃を受けたという。

一九八六年六月二〇日付『朝日ジャーナル』にはこう書かれている。まず紹介されたのは、横浜弁護士会所属の弁護士グループによる説明会の様子で、「病人を抱えた家族が狙われ、一五万円の印鑑と一〇〇万円の壺を売りつけられたうえ、さらに一千万円の多宝塔を買うようつきまとわれている」などの具体的なケースが挙げられている。

神奈川新聞社への嫌がらせのうち、ほとんどが無言電話だったというが、応答があった電話の内容は、「『われわれは壺をありがたく授かったのになんだ』などと壺の効用についてしつこく説くもの、社長や編集局長の身辺に注意を喚起するもの（脅し）、被害者救済に関係している弁護士の思想的偏向を指摘するもの――に大別された」という。

また、そうした電話は「幹部宅にまで及び家族を巻き込む形となった」。

こうした嫌がらせに対して、当時の神奈川新聞は、「デスクノート」の欄で、「暴力電話には屈しない」「特定の勢力には屈しない」ことを主張している。

そうした神奈川新聞なら、また取り上げてくれるかもしれない。

私は、神奈川新聞社会部の、知り合いの女性記者に声をかけて、家庭連合の講演会のチラシと、自分の目で見た講演会についての文章を手渡した。

次に、対策弁連宛てに、「公立施設が、霊感商法等で被害を出している特定の宗教団体（世界平和統一家庭連合）に会場を提供していることに対して、申入書を出していただけないでしょうか」といった内容の手紙を出した。

二〇二〇年、五月半ばのことだった。

その後、対策弁連は、六月二三日付で、次のような申入書、「「男女共同参画センター横浜　フォーラム」における世界平和統一家庭連合主催の講演会について」を、公益財団法人横浜市男女共同参画推進協会理事長、横浜市市長、神奈川県知事の三名に宛てて作成した。

対策弁連からは、代表世話人として、平岩敬一弁護士（横浜）ら五人の弁護士が名前を連ね、連絡先はよこはま第一法律事務所の吉田正穂弁護士となっていた。

申入書の概略は次のようなものだ。

まず、家庭連合の問題性について。申入書は、霊感商法などの被害者相談は、一九八七年から二〇一九年までの三三年間で合計三万四二七六件、被害合計は一二二四億円にのぼっているとしている。「現在もなお被害相談が継続して寄せられている」という部分も重要だろう。

また、すべての日本人信者が「真のメシヤ」であるとあおぐ文鮮明の死後、後継者と目されている韓鶴子が、日本の組織に「いつまでにいくらを献金しろ」と過大な指示を出しており、それによって信者たちは資金集めの活動を止めることができないという。

被害額の大きさを見ると、こんなにも資産を有する市民がいるのだろうかと不思議に思うが、もともと裕福な資産を持つ人間に近づくことはもちろん、銀行やサラ金からの借金の他、協会の所有する不動産を担保にした借金もさせているということだ。その分、家庭連合に対する損害賠償請求訴訟にも、多額の請求金額が並んでいる。

資料２　過去５年間の商品別被害集計（全国の消費者センターと弁護団）

商品名	2015年		2016年		2017年		2018年		2019年	
	件数	被害金額（円）	件数	被害金額（円）	件数	被害金額（円）	件数	被害金額（円）	件数	被害金額（円）
印鑑	10	3,784,080	10	4,255,442	13	3,317,500	1	170,000	7	1,600,000
数珠・念珠	6	1,850,000	6	905,000	6	1,093,000	2	370,000	4	800,000
壺	6	13,720,000	13	21,090,000	12	33,900,000	2	6,600,000	6	18,900,000
仏像・みろく像	4	7,480,000	3	4,200,000	4	4,210,000	1	700,000	4	11,000,000
多宝塔	1	5,400,000	0	0	2	21,365,000	0	0	2	40,000,000
人参凝縮液	30	20,676,921	12	6,530,550	10	6,999,000	6	1,610,000	2	1,660,000
献金・浄財	33	630,237,568	45	398,267,408	54	597,456,210	27	1,400,932,127	23	389,268,700
絵画・美術品	8	3,092,209	8	3,684,659	5	4,340,000	1	300,000	4	2,670,000
呉服	2	2,591,940	1	821,940	3	1,578,000	2	1,104,800	0	0
宝石類・毛皮	8	18,325,549	14	14,214,607	18	9,417,560	3	2,551,653	5	5,090,000
仏壇・仏具	3	2,990,000	1	1,690,000	2	2,130,000	0	0	0	0
借入	6	83,300,000	5	16,400,000	8	18,097,000	2	38,500,000	1	500,000
ビデオ受講料	18	4,091,810	19	5,809,550	7	506,000	1	10,000	3	131,000
内訳不詳・その他	39	251,472,286	22	57,238,901	44	198,704,680	13	738,418,500	18	659,036,050
合計	174	1,049,012,363	159	535,108,057	188	903,113,950	61	2,191,267,080	79	1,130,655,750

資料3　霊感商法　窓口別被害集計(1987年〜2019年)

年	被害弁連(東京分)		全国弁護団(東京分除く)		消費者センター		合計	
	相談件数(件)	被害金額(円)	相談件数(件)	被害金額(円)	相談件数(件)	被害件数(円)	相談件数(件)	被害件数(円)
1987年	2,404	16,175,898,600	243	222,368,004	*	*	2,647	16,398,266,604
1988年	305	4,850,000,000	985	2,565,334,684	*	*	1,290	7,415,334,684
1989年	231	357,966,000	2,036	1,708,828,066	*	*	2,267	2,006,794,066
1990年	393	1,591,706,000	1,333	1,002,847,321	1,154	545,203,606	2,880	3,139,756,927
1991年	279	7,916,834,413	996	909,573,176	551	392,610,805	1,826	9,219,018,394
1992年	1,064	4,512,323,678	657	1,687,536,151	890	1,134,875,807	2,611	7,334,735,636
1993年	808	6,881,870,000	1,345	5,310,491,608	*	*	2,153	12,192,361,608
1994年	523	2,405,478,983	140	839,930,788	374	295,563,373	1,037	3,540,973,144
1995年	405	3,383,610,012	31	193,543,200	278	147,298,066	714	3,724,451,278
1996年	498	2,087,229,700	15	464,053,623	248	305,005,362	761	2,856,288,685
1997年	582	1,241,225,600	56	847,864,800	153	82,766,091	791	2,171,856,491
1998年	470	3,856,621,074	49	361,975,146	329	397,583,215	848	4,616,179,435
1999年	387	2,518,950,350	44	155,694,000	250	171,260,998	681	2,845,905,348
2000年	418	1,999,711,160	15	175,006,500	219	216,923,045	652	2,391,640,705
2001年	1,282	1,762,715,136	84	277,266,281	166	95,550,089	1,532	2,135,531,506
2002年	556	2,534,652,550	33	90,394,469	109	126,123,119	698	2,751,170,138
2003年	878	2,968,902,450	72	606,946,890	94	150,867,258	1,044	3,726,716,598
2004年	763	2,823,224,286	52	101,175,927	102	94,150,750	917	3,018,550,963
2005年	834	2,196,950,537	76	490,214,081	185	138,663,548	1,095	2,825,828,166
2006年	818	2,527,289,167	370	1,275,706,048	155	193,036,014	1,343	3,996,031,229
2007年	878	2,946,794,045	153	946,859,500	221	186,155,275	1,252	4,079,808,820
2008年	888	2,580,825,979	191	761,210,735	431	385,015,507	1,510	3,727,052,221
2009年	847	3,121,615,961	108	406,303,540	158	209,017,800	1,113	3,736,937,301
2010年	479	1,397,214,016	84	237,478,366	58	136,055,000	621	1,770,697,382
2011年	324	1,067,400,611	32	166,274,050	31	18,159,000	387	1,251,833,661
2012年	411	1,467,193,163	63	279,955,800	47	37,040,200	521	1,784,189,163
2013年	130	495,308,107	30	359,618,923	25	29,201,000	185	884,128,030
2014年	189	719,190,172	19	317,339,348	31	36,247,696	239	1,072,777,216
2015年	61	677,750,640	108	350,261,723	5	21,000,000	174	1,049,012,363
2016年	79	187,122,681	68	343,455,376	12	4,530,000	159	535,108,057
2017年	122	731,889,760	49	168,787,190	17	2,437,000	188	903,113,950
2018年	51	2,172,347,580	2	2,008,500	8	16,911,000	61	2,191,267,080
2019年	63	961,488,750	16	169,167,000	*	*	79	1,130,655,750
合計	18,420	93,119,301,161	9,555	23,795,470,814	*	*	34,276	122,483,972,599

資料4　係属中の（宗）家庭連合（旧統一協会）関係被害訴訟一覧表　※一部略

事件名・事件番号	当事者	提訴日	請求金額	備考
H28(ワ)21355号 損害賠償請求事件 民事7部係属	原告＝1名 被告＝世界平和統一家庭連合 外2名	H28.6.28	80,501,300	家庭連合に支払った献金、物品購入の実損額に慰謝料、弁護料を付加して請求。
H29(ワ)8906号 損害賠償請求事件 民事7部係属	原告＝2名 被告＝世界平和統一家庭連合 外4名	H29.3.16	186,815,330	認知症の高齢女性が夫の資産の処分献金や果樹園売却献金までしていた。
H29(ワ)12048号 損害賠償請求事件	原告＝2名 被告＝世界平和統一家庭連合	H29.4.11	7,224,290	家庭連合に支払った献金、物品購入の実損額などを請求。 原告らは、訴訟提起以前に天聖経の代金の返還を受け、その際、その他の請求を家庭連合に対して行わない旨の覚書を作成している。
H29(ワ)24453号 損害賠償請求事件 民事26部係属	原告＝1名 被告＝世界平和統一家庭連合 外3名	H29.10.3	34,916,000	家庭連合に支払った献金、物品購入の実損額に慰謝料、弁護料を付加して請求。
H29(ワ)40746号 損害賠償請求事件	原告＝1名 被告＝世界平和統一家庭連合	H29.11.30	53,101,840	家庭連合に支払った献金、物品購入の実損額に慰謝料、弁護料を付加して請求。
H30(ワ)1501号 損害賠償請求事件	原告＝2名 被告＝世界平和統一家庭連合	H30.1.19	112,377,917	家庭連合に支払った献金、物品購入の実損額に慰謝料、弁護士費用を付加して請求。
H30(ワ)14584号 損害賠償請求事件	原告＝1名 被告＝世界平和統一家庭連合	H30.5.10	97,432,416	家庭連合に支払った献金、物品購入の実損額に慰謝料、弁護士費用を付加して請求。
H30(ワ)34214号 損害賠償請求事件	原告＝1名 被告＝世界平和統一家庭連合	H30.10.31	285,670,000	家庭連合に支払った献金、物品購入の実損額に慰謝料、弁護士費用を付加して請求。
H30(ワ)36612号 損害賠償請求事件	原告＝2名 被告＝世界平和統一家庭連合	H30.11.22	187,599,414	家庭連合に支払った献金、物品購入の実損額に慰謝料、弁護士費用を付加して請求。
H31(ワ)36号 損害賠償請求事件	原告＝6名 被告＝世界平和統一家庭連合	H31.1.31	99,991,778	家庭連合に支払った献金、物品購入の実損額に慰謝料、弁護士費用を付加して請求。
R1(ワ)14941号 損害賠償請求事件	原告＝1名 被告＝世界平和統一家庭連合	R1.6.7	2,352,427	家庭連合に支払った献金、物品購入の実損額に慰謝料、弁護料を付加して請求。
R1(ワ)1860号 損害賠償請求事件	原告＝3名 被告＝世界平和統一家庭連合 外2名	R1.9.20	26,020,000	同居の父親の預金から長兄夫婦が横領して献金していたことが父親死亡後発覚し、兄弟3名が提訴。家庭連合に支払った献金の実損額を請求。
H29(ヨ)2688号 不動産仮差押命令申立事件	債権者＝1名 債権者法定代理人 成年後見人＝1名 債務者＝1名	H29.9.6		精神障碍のある非信者の娘が住んでいるマンションを信者親が売却・献金することを防ぐために、同マンションの仮差押えを請求して決定。

申入書は、これらのデータを並べた上で、「すなわち、統一協会においては、「法的な責任を超えた不当な要求」を組織的に繰り返し行っている反社会的勢力と言わざるを得ない実態が存在しているのです」とする。

この、「組織的」「反社会的」というのは、カルト宗教の定義にも関係してくる。

前述のパンフレット、『カルトって知ってますか?』によれば、「カルト」には次のような定義がある。

①特定の組織やリーダーが、②人々に絶対服従するように思いを変えさせて、③反社会的な行為（物質的・経済的・肉体的・精神的苦痛）を行わせる、という三つの定義だ。

すべて、家庭連合の現在の姿にもあてはまっていると言えるだろう。

申入書は、私が参加した「ハッピーFamily講演会」に言及した後、次のように「申し入れ」て、締めくくられている。

（1）公益財団法人横浜市男女共同参画推進協会に対し、

①家庭連合が、いつから女性センターを利用しているか、その利用実績

②今後の家庭連合による女性センターの利用予定

③今後も女性センターを家庭連合に利用させる意向があるか否か

の三点について、文書で回答するよう求める。
（2）横浜市に対し、女性センターを家庭連合が利用することは、地方自治法二四四条一項における「公の施設」の意義に反しており、その報告調査を実施した上で、その利用に供しないよう指示することを求める。
（3）神奈川県に対し、これらの申し入れにもかかわらず、女性センターが家庭連合によって利用される場合には、公益財団法人横浜市男女共同参画推進協会の公益認定を取り消すことを求める。
最後に、この申入書への回答締め切りは、七月三一日と記されている。

神奈川新聞に掲載される

私の手紙が申入書になったことには正直驚いたが、嬉しくもあった。

このことについては、神奈川新聞が二〇二〇年六月二七日付の記事で、大きく取り上げた。

見出しには、「公的施設で講演会主催」「旧統一教会」「横浜　弁護士ら調査申し入れ」

とある。

記事冒頭には、家庭連合が、横浜市男女共同参画推進協会が指定管理者として運営する公的施設で講演会を主催したこと、その後対策弁連が、当該施設が「特定宗教団体の活動の場になっている」として、横浜市男女共同参画推進協会や市、県に調査や対応を申し入れたことが紹介されている。

また、神奈川新聞の取材に対して、横浜市男女共同参画推進協会の担当者は「市と相談しながら、歩調をそろえて対応したい」と説明。男女共同参画推進課は「『申し入れ書が届いたばかりで現在、内容を詳細に精査している。確認し次第、回答したい』としている」とのことだ。

記事はこの後、私がお話しした講演会の内容が続き、申入書に名前を連ねていた弁護士、吉田正穂弁護士による次のようなコメントで締めくくられている。

「『統一教会』の霊感商法による被害は2019年でも79件、計11億円に上った。また今年2月に韓国で開かれた合同結婚式には、多くの日本人が参加した。

公的施設で講演会が行われたことに、吉田弁護士は「一般的に行政の施設は開かれる必要があるが、名称変更で（統一教会と）分かりにくいとしても、被害者を多く生んでいる宗教団体の講演会がはじかれないのは問題だ」と強く危惧した」。

この記事を読んだ友人たちからは、「家庭連合と名前を変えても、やっていることは同じなのね」「あなたも気をつけてね」と声をかけられた。元横浜弁護士会会長の横溝正子弁護士からも、「何かあったら、いつでも連絡してね」と声をかけていただいた。


七月三日、横浜市市長の定例会見が行われ、その中で、対策弁連による申入書についての林文子市長からの回答があった。

二〇二〇年七月四日付の神奈川新聞に、その模様について記事が載った。見出しは「横浜の公的施設9回利用」「19年度旧統一教会、講演会名目」というもの。以下、引用とともに紹介する。

「フォーラムを所管する市男女共同参画推進課によると、過去3年間の利用実績を調べた結果、家庭連合は19年度、講演会や講座名目で計9回、利用していた。内訳は19年度11、12月に2回ずつ、同年8～10月と20年1、2月が1回ずつ。同課は参加人数や、講演や講座の内容を確認していない。17、18年度の利用はなかったという。市長は会見で「公の施設であり、どの人が駄目とはいかない」としつつ、「宗教への勧誘や物品の販売などセンターの設置目的に反する恐れがある場合」は、（横浜市男女共同参画推進協会の）職員の立ち入りなどにより、「「施設が適正に利用されていることを確認しなければならない」と説明、適正利用を徹底する考えを示した」

神奈川新聞は、翌七月五日付の社説においても、「旧統一教会の施設利用」「実体調べ毅然と対応を」という見出しでこのことに触れた。

ここでは、「公的施設を反社会的な活動に使っていたのであれば見過ごすことはできない」としたうえで、「公的施設で開かれる催し物は、それだけで利用者に安心感を伴って受け止められる側面があるのも、また現実だろう。被害の訴えが多く寄せられている団体の活動に会場を提供することは、行政が実質的にその活動を後押しすることになってしまう。

弁護士連絡会によると、旧統一協会は今回のように家庭連合を名乗ることはむしろ珍しく、別の団体名でイベントをすることも多いという。また現在の団体名も、さらに変更すると発表している。

名称を変えながら活動する団体を把握するのは容易ではないだろうが、そこは公的施設としての信頼に関わる部分である。被害の実態に注視すべきであろう」と述べられていた。

今回のことを、こうして社説にまで取り上げて、多くの人に知ってもらえることになるとは！　私は、声を上げることの大切さをあらためてかみしめた。

回答書

申入書の回答は、締め切りの一日前、七月三〇日に届いた。差出人は、横浜市男女共同参画協会の理事長。内容は、次の通りであった。

「①統一協会がいつから「男女共同参画センター横浜　フォーラム」を利用しているか、
　及びその利用実績（日時、利用場所、利用目的）

[回答]

申請者名：戸塚家庭協会

２０１７～２０１９年度の利用状況（文書保存年限３年）

○2017年度　3回
①2017年5月24日、午前、セミナールーム2
②同年6月23日、午後、セミナールーム3
③同年7月20日、午前・午後、セミナールーム2
○2018年度　なし
○2019年度　9回
①2019年8月23日、午前・午後、会議室3・和室2
②同年9月25日、午後、セミナールーム3・和室2
③同年10月18日、午後、セミナールーム3・和室2
④同年11月15日、午前・午後、セミナールーム2、セミナールーム3
⑤同年11月26日、午前・午後、セミナールーム2・セミナールーム3
⑥同年12月19日、午前・午後、和室1・和室2
⑦同年12月23日、午後、セミナールーム2・セミナールーム3
⑧2020年1月20日、午前・午後、会議室3・会議室2
⑨同年2月12日、午前、セミナールーム3・和室

・利用目的は「講演会」「講座」「控え室」

②今後の統一協会による「男女共同参画センター横浜　フォーラム」の利用予定（日時、利用場所、利用目的）

［回答］

７月30日現在、利用予定はありません。」

最後に、今後も「男女共同参画センター横浜　フォーラム」を統一協会に利用させる意向があるか否かという問いに対しては、特定の団体であることを理由に利用させないという扱いは、地方自治法上、「差別的扱い」に該当するおそれがあるとした上で、「当該団体については、講演会の参加者から苦情が寄せられていること等に鑑み、今後の利用については、職員が立入りを行い、不適切な行為が確認された場合は許可の取り消しを行います。

また、一般の利用者に対しても館内で宗教等の勧誘や商品の販売等があった場合は当協会（筆者注：横浜市男女共同参画推進協会）にご相談いただくよう、掲示物やホームページにより注意を喚起し、センターの適正利用に努めていきます」と締めくくられている。

回答書が届いた翌七月三一日、理事長から私宛に、おおよそ次のような内容で、個人的なメールをいただいた。

「例の統一協会の件について、当確団体による今後の施設利用はないと、既に先方と確認しています。

職員へは、井上さんからの資料をもとに問題意識を共有して、運営要領も厳しく見直しました。弁護士会への回答についても、横浜市管轄の法制課を通じて検討し、一連の経過は、副市長、市長まで上がっています。

なお、この件で申し入れ書を送ってきた弁護士にも相談して進めてきましたので、時間がかかりましたが、以上ご報告いたします。」

以後、私と理事長とのメールの交換はない。

合同結婚式

「ハッピーFamily講演会」に参加する前日、私は横浜市の、とある福祉施設の忘年会に招待されていた。

参加者は、その福祉施設でボランティア活動をしている人たちである。

私と同じテーブルについた女性は、今年が初めての参加らしかったので、声をかけた。

「なんのボランティアをなさっているのですか？」

「お花のボランティアをさせてもらっています」

聞くと、その施設にお花を持ってきて、飾ったり、希望者には無料で生け花を教えたりしているとのことだった。彼女は続けて、

「世界中で行われている結婚式でもお花を飾るボランティア活動をしていて、余ったお花をこの施設へ持って来ているのですよ」

と言った。

「世界中で行われている結婚式」といえば、まず思い浮かぶのが、家庭連合が統一協

会時代から積極的に行っている「合同結婚式」だ。彼女に、「何という団体に入っていらっしゃるのですか」と、さりげなく尋ねると、やはり、

「家庭連合に入っています」

と返ってきた。

胸がドキドキするのを彼女に悟られないようにして、私は質問を続けた。

「世界中って、日本以外にどんな国の結婚式に行かれるのですか」

「そうですね、韓国が一番に多いかしら。それに、来年は教祖様の生誕百年ですから。日本でも合同結婚式は沢山行われると思いますよ」

彼女は、私が統一協会について取材をして本を書いているとは、考えもしなかっただろう。

翌日、私は福祉施設長に電話して、彼女が家庭連合の会員であることを伝え、お花のボランティア活動を断るようにとさりげなく伝えた。

こうして私は、家庭連合の講演会への飛び込み取材の前日、はからずも、いまだに合同結婚式が行われていることを知ることになったのだった。

統一協会による合同結婚式の存在は、歌手の桜田淳子、元新体操の女王といわれた山崎浩子、女子バドミントン元世界チャンピオンの徳田敦子の三名が、合同結婚式で結婚するとして大々的に報じられた一九九二年夏、多くの人が知るところとなった。

この合同結婚式について、拙著『新興宗教ブームと女性』より、その概要を説明する。

まず、合同結婚式の意義について、一九九二年一一月一日付の統一協会の機関紙『中和新聞』より、一九九二年八月二四日にソウルで開催された「婚約式・聖酒式」で文鮮明が語ったとされる内容の要旨、「文鮮明先生のみ言葉」を元にわかりやすくまとめてみたいと思う。

①アダムとエバは、婚約時代に善悪を知る木の実を食べることで堕落し、神によってエデンの園から追い出された。
②二人は神とは関係のないところで、サタンを中心とした結婚生活を始め、子どもを産んだ。
③よって、このサタンを中心とした偽りの父母の血統を受けついでいるのが我々である。

④神の元に帰るには、新婦の立場ですべてを清算し、新しい愛と生命の種を相続しなければならない。
⑤不浄な血を洗い流すためには、聖霊を受けた人（＝文鮮明）の新しい血を、性交によって受け入れなければならない。
⑥そのために必要な実体が、再臨の主＝救世主（＝文鮮明）であり、真の父母である。

最初の人間であるアダムとエバは、蛇に誘惑されて禁じられた実を食べたことで楽園から追放された、というのがよく知られるキリスト教の教義だが、統一協会はここに、「エバと蛇の間に性行為があった」という解釈を加えているのだ。そして、全人類は汚れた血を持ったエバの子孫なので、その血も汚れており、メシアである文鮮明との性行為（象徴としての「性行為」も含まれているようだ）によって血を清められた女性と、その女性との性行為によって血を清められた男性だけが救われるというわけである。

統一協会では、この「聖霊を受けた人（＝文鮮明）」との性交を「祝福を受ける」と表現する。つまり、統一協会における「救われる道」とは、教祖である文鮮明と「性交すること」なのである。

統一協会における信仰の対象はキリスト教と同じ神であり、同じ聖書を経典としているが、堕落の解釈がキリスト教とは異なることがわかる。韓国のキリスト教界隈においては、布教において「血分け」や「零体交換」と呼ばれる性的儀式を行うことから、統一協会は「混淫派」として異端の烙印を押されてきた。

この血分けの儀式である合同結婚式だが、第一回目は一九六〇年三月一日に行われたとされる。ここでは三組が「祝福」を受けた。

二回目は、一九六一年五月一五日の三三組。ここまでは、実際に文鮮明と新婦の「性交」があったとされており、合同結婚式ではなく、「聖婚式」と呼ばれている。

ここまでの三六家庭は、歴史的な先祖の立場とされ、「中心家庭」とされる。この「中心家庭」の一人の女性（文鮮明と性交して、文鮮明の子どもを産んでいる）は、二〇二〇年に死亡した。

「中心家庭」の誕生以後は、一九六二年六月四日の七二組から始まって、徐々に「祝福」の数を増やし、日本で桜田淳子らが参加して大きな話題になった一九九二年八月二五日では三万組が合同結婚式に参加している。

合同結婚式は主に韓国で行われてきたが、一九八二年の二〇七五組はアメリカ

（ニューヨーク）で、一九六九年にはヨーロッパ（三三組）と日本（三一組）で行われている。

なお、「祝福」にもいろいろあって、既婚の夫婦の場合は、「既成祝福」と呼ばれるなど幅広い。この「合同結婚式」に参加するには、統一協会の信者になり、一組一四〇万円を出す必要がある（『統一教会の合同結婚式』一九九一年一一月一日、統一協会発行）。

さて、私は、参加した福祉施設の忘年会で、現在も世界中で合同結婚式が行われていることを知った。

二一世紀の今も！

「本当だろうか」と思いたくなるが、お花のボランティアをしているという方の言葉がウソだとは思えない。

そのうち、二月になってから、知人に合同結婚式の様子がフジテレビで放映されていたと教えてもらった。

フジテレビ系列の、夕方の情報番組「Live News イット！」で、「追跡　あの統一教会は今……？」と題して、国際合同祝福結婚式の様子が報道されたという。

この模様は二〇二〇年二月一一日付のBBCニュースでも、「新型ウイルス流行しても開催　韓国の合同結婚式」として配信されていた。次のような内容だ。

「韓国で開かれた世界平和統一家庭連合（統一協会）の合同結婚式に、何千組ものカップルが参加した」「新型コロナウイルスの感染拡大の恐れが、関係者を思いとどまらせることにはならなかった」「60カ国以上の6000人近くが、この式典で結婚した」

式典は二月七日、ソウルに近い加平郡の清心平和ワールドセンターで開催されたらしく、黒のタキシード姿の男性と、白いウェディングドレスを着た女性がずらっと並んだ写真が掲載されている。マスクは、全員が着用しているわけではない。

家庭連合の事情に詳しい友人によれば、統一協会の発表では六〇〇〇組の参加とのことだが、実際は親の世代（既成祝福）の参加もあり、若い男性の人数も足りなかったそうだ。女性が会員なら、男性はそうでなくても、参加できたとのことである。

この、家庭連合が行う現代の合同結婚式だが、世界平和統一家庭連合のホームページによると、神様を中心として独身の男女が結ばれる「一般祝福（マッチング）」、すでに結婚している家庭が、神様を中心とした夫婦として新しい出発をする「既成祝福」、霊界に旅立った配偶者・霊人と祝福を受ける「独身祝福」「霊肉祝福」があるとのことだ。

一般祝福（マッチング）については、
①統一原理を学ぶ
②文鮮明師夫婦をメシヤ・真の父母として受け入れる
③礼拝参加、十分の一献金（収入の十分の一を献金する）
④飲酒、喫煙をしない
⑤純潔の重要性を理解する
といった項目について理解を深めることが「準備」となるようだ。その後、「マッチングサポーター」が応募者の書いた申請書をもとに、その人に合ったパートナーを祈りながら探し、紹介してくれるという。紹介された候補者との交流を望めば、マッチングサポーターとともに交流が始まり、交流を続けるかどうかはマッチングサポーターと相談しながら進めていく。候補者同士の意思が確認されれば、約婚誓約書を作成し、祝福式の準備に入るという流れのようだ。

この合同結婚式は、「二世」と呼ばれる、信仰を持つ両親のもとに生まれた子どもたちにとっても大きなイベントになる。

二世の子どもたちは、生まれながらにして家庭連合の信仰を課せられ、人付き合いや私生活にも縛りが生じる。宗教が子どもたちに与える影響については第三章で詳しく述べるため、ここでは家庭連合信者二世の立場と、二世にとっての合同結婚式について紹介する。

家庭連合では、祝福を受けた信者以外の人間はサタン（＝悪魔）に汚されていると考えるため、二世が一般の異性と仲良くなること、とりわけ男女間のセックスが異様に嫌われる。異性を誘惑するような服装も禁止されているという。また、祝福二世が「神様の子」として可愛がられる一方、所帯を持った状態で祝福を受けた家庭の子どもは、「サタンの子」として扱われる。

このように、血脈が重要視される家庭連合では、一般的な恋愛はご法度であり、二世の結婚相手は二世と決められている。教団内の祝福担当者や親が仲介人となり、二世同士のマッチングをするのだという。

なお、家庭連合で合同結婚式を挙げた夫婦は、その後しばらく性的関係を結ばない。夫婦の共同生活に移るまで、結婚式の後、少なくとも四〇日間を空けることの他、結婚式に出てから一緒に暮らし始めるまで、多くの場合二～三年間を置くよう指導される。

年齢制限は、結婚式の時点で満一九歳以上。その他、所定の研修を受けることや、家庭連合への入会手続きをしてから六か月以上経過していることなど、いくつかの条件がある。

「交流を続けるかどうかはマッチングサポーターと相談しながら」とのことだが、かつて、次のようなことがあった。家庭連合が統一協会と名乗っていた一九九八年のことだ。韓国では「献金さえすれば日本人女性と結婚できる」という触れ込みで男性信者が集まり、そのような韓国人男性と結婚するために渡韓して、連絡がつかなくなった女性が六五〇〇人にのぼっていたというのだ（前述『カルトって知ってますか？』）。

このように、合同結婚式によって海外に移住した信者については、二〇一六年、テレビ東京の人気番組「世界ナゼそこに？　日本人！」のなかで、家庭連合（旧統一協会）や合同結婚式には触れない形で数回にわたって取り上げられたこともあり、対策弁連が申入書を送っている。

「テレビ東京が放映している「世界ナゼそこに？　日本人」の番組において、多数回にわたり、統一協会の日本人女性信者を登場させ、当該日本人女性が外国人男性と海外で家庭を持つに至った経緯、あるいは当該日本人女性が海外に渡りそこで生活を送っている経緯について、虚偽の事実を織り交ぜた物語を創作して放映していることについて、以下、テレビ東京及び番組責任者に対し、申し入れをいたします」というのが、その内容だ。

先に紹介した、韓国で行われた合同結婚式についても報じた、二〇二〇年二月八日付の東京スポーツ記事によれば、マッチングの相手について「かつては、創設者の文鮮明氏が選んでいたが、2012年に他界したことで、このシステムが導入された。親や本人が身長、体重、学歴、職歴、趣味、年収などをサイトに登録し、それにマッチした相手が仲介人を介して選ばれます。写真はバストアップと全身の2枚。この〝書類審査〟が通れば、今度はスカイプで当人同士が会話を交わすのです」（家庭連合関係者）とされている。

同記事では、統一協会によって現在も行われている霊感商法などについては触れられておらず、「テクノロジーの進化は宗教のあり方まで変える」「桜田淳子のときからは隔世の感」とまで書かれている。

合同結婚式が相変わらず行われていること、また、それをマスコミが問題点に触れぬまま面白半分に報道することは、私たちの生活にいつの間にか統一協会が定着することを許すのではないかと、私は危惧の念を抱いた。

そんななか、思わぬ出会いがあった。

画家をしている友人の個展に出かけた時のことであった。

私が、かつての統一協会が名前を変えて、現在も合同結婚式をやっているのだと話したところ、同じ個展に来ていた方から予想外の返事があった。

「あら。私の姪も、統一協会の合同結婚式で結婚して、いま韓国で暮らしているわ」

「えっ、本当ですか」

と私が尋ねると、彼女は極めて平静に、

「そうですよ。姪はハングル語をやっていたので、韓国での生活には不自由していないみたいよ。私の田舎の母、姪にとっては祖母にあたるのですが、母親は孫の結婚祝いに大きな白い壺を統一協会から一〇〇万円で買って、家に飾っていますよ」

と話すではないか。

彼女の口ぶりが、統一協会に壺を「買わされた」という怒りの口調ではなかったことは、更に私を驚かせた。

帰宅後、私は個展を開いた友人に電話をした。

「ねえ、今日のあなたの個展会場で、姪が合同結婚式で結婚したって話していた方、どういう人なの？」

「彼女、革新系政党の熱心な活動家で、選挙の時はモノスゴイ活動をしているわよ」

「本当なの？」

「本当よ。私も、彼女の日頃の革新的な活動と、統一協会についての考えの違いは不思議なの」

これには驚いた。だが、よく考えてみると、左翼であれ、右翼であれ、「これこそ正義！」と思える何かを持っていることに変わりはないだろう。

しかし、世の中には、「正義」と見えてそうではないこともある。まして、「結婚の自由」を他人（家庭連合）にまかせることは、自分の人生を他人にゆだねることにはならないか。

霊感商法

霊感商法とは、「先祖の祟り」などの文句を使って、壺や印鑑などの物品を「幸運を呼ぶ」と謳って法外な値段で購入させたり、多額な献金を強要したりするものである。

時には、合同結婚式が利用される場合もある。

五年ほど前のことである。

私が住む首都圏郊外には、まだ農家も点在している。

そのうちの一軒の農家は、田畑も地域のなかでは大きく、屋敷も広くて、地元の農家の中では世話役として、周囲から頼りにされていた。

ただ、悩みもあった。一人息子は体が弱く、四〇歳を過ぎても、結婚運に恵まれないことだった。

そこへ、「働き者の、いいお嫁さんを息子さんにお世話しましょう」と、親切そうな中年の女性が訪ねて来て、「世界的に有名な合同結婚式です。経費は一〇〇万円ほどかかりますが」と、誘った。

その家のご両親は、「一〇〇万円で働き者のお嫁さんが来てくれるなら」と、息子を合同結婚式に参加させた。

やって来たお嫁さんは、息子より少し年上の、明るい女性だった。

だが、彼女が農業をしてくれたのは最初だけで、だんだんと、「この家が不幸なのは、ご先祖様を大切にしないからだ」と言って、「先祖供養のために」と、貯金を下ろすことを両親に迫り始めた。いつしか、農作業はまったくしなくなった。

そこで、結婚して家を出ていた長女が、「何かおかしい」と、母親の兄弟たちに相談をもちかけた。私は、この母方の兄弟から相談を受けたのである。

私はこの農家へと連れて行かれて、息子さんが合同結婚式で出会ったというお嫁さんに会うことになった。

真っ赤なワンピースを着た彼女は、私を見るなり、「話すことはありませんから」と一言。二階の部屋へと駆けあがって行ってしまった。結局、私は、ご家族に対策弁連の連絡先を教えることしかできなかった。

その後、その女性は義父を老人ホームへ入所させ（入所後死亡）、義母を長女の家に追い出し、家屋や田畑の名義を彼女の名義に書き換えて、売却してしまった。すべて、あれよ、あれよという間だった。

これは、実はよくある統一協会の手口なのだが、こうした事例は、表立って裁判になるような「事件」の陰に隠れているだけで、実はこうした「わかりやすい被害」よりも多いのではないかと私は思う。

私も、もっと支援をしてあげていれば、と悔しい思いをした出来事だった。

こうした被害は、決して統一協会時代の、過去の話ではない。

前掲（三二頁）の資料4「係属中の（宗）家庭連合（旧統一協会）関係被害訴訟一覧表」を見てほしい。二〇二〇年一月九日時点で、請求金額の総額は、約四〇億円。一件あたりにすると、三〇〇〇万円ということになる。献金、物品購入、弁護士費用というのが主な内訳だ。

全国の消費者センターと弁護団による二〇一五年から二〇一九年の資料2「過去5年間の商品別被害集計」（三〇頁）によると、商品名の欄には、「印鑑」「数珠・念珠」「壺」「仏像・みろく像」「多宝塔」「＂人参凝縮液」「献金・浄財」「絵画・美術品」「呉服」「宝石類・毛皮」「仏壇・仏具」「借入」「ビデオ受講料等」「内訳不詳・その他」が並ぶ。

ここに、懐かしい「みろく像」が出てきて驚いた。

拙著『新興宗教ブームと女性』の中で、統一協会による主婦向けの宗教法人「天地正教」を取り上げた。天地正教では、そのご本尊である弥勒菩薩について、「この弥勒菩薩の正体こそ文鮮明である」とまことしやかに明かすトリックを使った霊感商法を展開していた。

櫻井義秀・中西尋子著『統一教会——日本宣教の戦略と韓日祝福』(二〇一〇年、北海道大学出版)によれば、この天地正教の信者の大半は主婦層であり、統一協会の「ダミー教団」と言われることもあるという。天地正教では、壺や多宝塔を「霊石」として扱っていた。天地正教は一九九九年に「和合」という形で、旧統一協会に事実上吸収された。

この「みろく像」の項目は、天地正教がなんらかの形で生き残っていることを示しているのかもしれない。

私が一九九〇年代に天地正教に潜入した時、集会に集まっていた女性は、誰もが実直そうな主婦であった。私にこの集会のことを教えてくれた主婦も、「子どものアトピーが治るから」と誘われて入ったのだと話してくれたのが印象的だった。

二〇一九年度だけで、家庭連合（旧統一協会）による霊感商法の被害額は一一億円を超えている。しかしこうした事実は、先述の通りマスコミも報道せず、一般的にどれほど周知されているのか疑問である。

そこで、対策弁連の山口広事務局長に、「全国統一教会被害者家族の会」（以後、「家族の会」）を紹介していただいた。

新型コロナウイルス禍の二〇二〇年一〇月、東京で、「家族の会」事務局長夫婦に話を聞いた。

ご夫婦からは、深刻な現状を教えていただいた。

「相談を受けるようになって一七年になりますが、その数はおよそ五〇〇〇件ですね。年間では約三〇〇件。今は、新型コロナの影響で対面での相談会などは設けていないのですが、電話やメールなどで相談を受けています」

主婦が被害者となるケースが多く、全体の約七〇パーセントを占めているという。社会人となった若者（青年）が一〇パーセント程度、その他大学在学中に関わってしまったケースが五パーセント程度、それぞれ継続して相談が寄せられている。

「家族の会」の会報六五号（二〇二〇年一月号）によると、詳しい内訳は次の通り。

二〇一九年一〇月～一二月の相談件数

青年	一件
カープ	一件
壮年・主婦	二三件
二世	〇件
自主脱会	二件
祝福家	三件
その他	六件
（合計）	三五件

やはり、「壮年・主婦」が圧倒的に多い。

ご夫婦も、

「相談件数は、減少していますが、いわゆる妻や母親の「壮婦」被害者についての相談が圧倒的に多いですね」

とのことだった。

家庭連合が信者を増やすべく活動する際、あるいは霊感商法などに人を取り込む際、家庭連合であると初めから名乗る「証し伝道」を行うことはごく稀であると既に述べた。

前出『カルトって知ってる?』によると、家庭連合は、「文化フォーラム」、「自己啓発センター」、ボランティア団体と称した「世界平和女性連合(WFWP)」、「野の花会」、「しんぜん会」、「韓日人協会」、「国際救援友好協会」、「市民大学講座」など、いかにもありそうな団体名を名乗って近づいてくるという。統一協会や家庭連合についてなんらかの知識を持っていても、なかなか警戒が難しいのが現実なのかもしれない。

一方、主婦だけではなく若者も注意が必要だ。同書によれば、ここに挙げられている「カープ」は、大学において「原理研究会(原研/CARP)」などと名乗ってサークル活動をしているという。こちらも、ゴスペルや演劇等色々な仮面をかぶって、連絡先を聞き出し、宗教と関係のないイベントに誘うなどして仲良くなり、断られることがないと見極めたうえで、宗教団体であることを打ち明ける手法を取ることもあるので、名前だけ知っていても安心というわけにはいかない。

この原理研究会／CARPは少なくない大学にあり、それぞれの大学が注意を呼び掛けている。

たとえば京都大学では、学内新聞である京都大学新聞（http://www.kyoto-up.org/genri）において、次のように注意を呼び掛ける。

「〝人生についてあなたはどう思いますか？〟〝愛やセックスについてどう考えますか？〟といったアンケート活動をしている団体（京大CARPなどと名乗ることが多い）に出くわした人もいるでしょう。それが原理研究会です。彼らは勧誘した大学生（特に新入生）を大学の近くにあるビデオセンターに連れ込むなどし、興味を持った者を「2デイズ」「7デイズ」などと呼ばれる合宿へと誘い込みます。連日の「学習会」（統一協会の教義を段階的に教え込む）や「賛美のシャワー」（信者が勧誘対象を全面的に褒めたたえることによって人間関係を作ってしまい、抜けにくくする）などの巧妙な「マインド・コントロール」によって、統一協会＝原理研究会の忠実な信者にさせられてしまいます。」

「作り出された信者は全国的に組織された大学原理研のメンバーとして位置付けられ、新信者の勧誘や原理系学生新聞（＝原理新聞）の編集、統一協会の資金収集のために行なわれる霊感商法（壷や印鑑、などを法外な値段で訪問販売する）や街頭募金（「アフリカの難民のためにカンパをお願いします」などと駅頭などで行なっている）に従事させられることになります。」

「また、最近では「私たちは結婚まで純潔を選択します」といったビラを学内で配布していたりもします。」

「家族の会」のご夫婦への聞き取りに話を戻す。

ご夫婦によると、最近では家庭連合（旧統一協会）から「念書」のようなものを書かされたという事例が増えているという。

「脱会後、統一協会に対して「献金を返せ！」という訴えが多数あるために、「念書」を書かせているのでしょう」

とのことだ。

この「念書」をめぐって裁判になった事件の資料を、対策弁連の山口広弁護士にいただいたので紹介しよう。

二〇二〇年二月二八日の、東京地方裁判所での判決である。

原告は、当時五七歳の主婦。夫と一人息子を亡くして悲しんでいたところに訪ねて来た統一協会の会員が、「夫や息子が地獄で苦しんでいる」などと不安感や恐怖感を煽り、原告に家系図を作らせ、それを用いてさらに不安感を持たせたうえで、地域の統一協会の施設に通わせた。

その施設で、ビデオ講義や講師との会話から、息子や夫の苦しみは「先祖の因縁」によるものであると思いこまされた原告は、多額の金銭を献金等の名目で支払った。

後に、これら多額の献金は違法であるとして、原告が返金を請求したところ、統一協会側は、原告に不利益な「合意書」を作成させた。

この裁判においては、この「合意書」の有効性について争われたが、結果は原告の勝利。「合意書」は無効とされた。

原告は、「合意書」に一度はサインしたにもかかわらず、勝訴を掴んだ。こうした判例が広く知られれば、統一協会による組織的かつ卑劣な行為に歯止めがかかるかもしれない。

「家族の会」を訪ねた帰り際、事務局長ご夫妻から、「来週、東京地裁で霊感商法の裁判がありますよ。傍聴にいらっしゃいますか」と言われた。私はもちろん、二つ返事で「はい、行きます」と答えた。

二〇二〇年一〇月一六日、雨模様の中、私は東京地方裁判所に駆け付けた。今日行われる霊感商法の裁判は、午前一〇時から午後五時まで行われるという。

余談だが、私にとって、霞が関にある東京地方裁判所(同じ建物内には東京高等裁判所や東京簡易裁判所などもある)は、懐かしい場所である。

一九八〇年代の「ピンクチラシ裁判」「家永教科書裁判」、九〇年代の、福島瑞穂弁護士らとともに闘った「従軍慰安婦裁判」や「通称使用裁判」、二〇〇〇年代の「ホーム・オブ・ハート事件」「ビデオ倫理協会裁判」など、数々の傍聴で、何度も足を運んだ。

裁判所に着いて、東京地裁八〇六号に向かって左側のエレベーターに乗る。

「平成二〇年(ワ)一〇五号」と書かれた部屋に入ると、向かって右側が被告である家庭連合側、左が原告である被害者側である。

私は傍聴席の中央、一番前に腰を下ろした。傍聴席は、コロナウイルス対策で、一つ置きの着席となっている。

午前一〇時きっかりに、裁判官が登場。全員、立ちあがって黙礼。

裁判官は、三名。

主席判事と右陪席が女性。左陪席は男性判事である。

三分の二が女性判事で、裁判官の世界にも女性進出が進んでいるのかと嬉しく思ったが、たまたまだろうか。

補足だが、『弁護士白書（2019年度版）』（日本弁護士会編著）によると、二〇一九年度の裁判官二七七四人のうち、女性裁判官は二六・七％にあたる七四一人とのことだ。全体の三分の一弱ということになる。ちなみに、検察官では、二五％、弁護士では一八・八％ということで、女性の割合は裁判官が一番多いらしい。

裁判の様子に戻る。

原告の証人尋問によると、事件の概要は次のようなものであった。

被害者は、N県に住む高齢女性。三人の娘を育てあげた後も、農業従事者として働いていた。所有していた果樹園を始めとする不動産や貯金などの全財産を、家庭連合に献金の名目で取り上げられたとして、その損害賠償を求めている。

認知症で高齢者施設に入所中の本人に代わって、本人の成年後見人に選任された長女が統一協会を訴えた。

「献金」の概要は次の通り。

最初は、「借り入れ」と称して三〇〇万円。その後は、果樹園などを売却させて、二五〇〇万円を三回に分けて回収。被害額の合計は一億円以上にのぼった。

思わず、この裁判の傍聴をすすめて下さった「家族の会」事務局長夫婦から聞いた、「信者」という文字を一つにすると、「儲」かるになる」という言葉を思い出す。

被害者女性が、「生活が苦しい」として、長女に相談をもちかけたことで被害が発覚。他に、不動産売買による税務署からの督促状や、健康保険などの滞納の知らせが届いて困るという話もあった。

娘への相談があった時点で、母親はすでに生活に困窮する状態であった。被害発覚を恐れてか、統一協会側は、一人住まいの被害者女性に生活費として月数万円を渡していた。

証言台に立った長女は、被告の弁護士からの質問に、一歩もひるまなかった。その後ろ姿が凛々しくて、私は思わず休憩時間に「あなた、立派よ」と声をかけたほどである。

原告による証人尋問の後は、家庭連合側の被告として女性四名が次々と証言台に立った。

霊感商法の取り立て人として、被害者女性から献金を献納させたという女性たちだ。彼女たちによれば、それは「喜んで、神様に捧げられた」ものであるという。

果樹園の売却金は、どのようにして「献金」に化けたのか。彼女たちの「商法」は、次のようである。

まずは、協会が懇意にしている不動産屋を被害者女性に紹介し、果樹園の売買をさせる。契約には彼女たちが立ち会い、売却金は現金で支払わせる。次に、そのお金を統一協会の施設に「預けさせる」。その後、「本人が神様に差し上げたいと言ったから」、「献金」になったということだ。

彼女たちの証言は、終始、誰が聞いても「嘘でしょ!」と言いたくなるようなものだった。

たとえば、「私は教育係です」といった女性に対して、原告側の弁護士が「原理公論」などの統一協会の教えについて質問すると、

「私にははっきり分かりません」

と答えたり、

「多額なお金を預かったのですね。預かり証は出したのですか」

という裁判官からの質問に、

「私の担当ではないので」

と、はっきりした返答をさけたりと、とにかく曖昧の一言に尽きる証言が続いた。裁判の冒頭、「私は嘘を言いません」と宣言していたにもかかわらず、あやふやな発言の数々に、「これって、何?」とツッコミを入れたくなった。

その後、原告側の弁護士からの質問で、驚きの事実が明らかになった。

家庭連合側の被告として証言に立った彼女たちは、もともと、桜田淳子たちが参加して話題になった、一九九二年の合同結婚式の参加者だったのだ。ちょうど私が統一協会を追っていた頃だ。

あれから三〇年近く経って、中年女性になった彼女たちが、家庭連合の活動家——霊感商法の取り立て人——として、私たちの前に再登場したということになる。

久しぶりの長時間にわたる裁判傍聴には疲れた。

しかしあらためて、家庭連合の霊感商法に関する裁判だけで、二〇一九年の一年間に一三件、請求被害額は計一一億三〇〇〇万円にのぼっていることを思い出し、なぜ、このような実態がマスコミで取り上げられないのか、不思議に思った。きっと、私の知らない「闇の背景」があるのだろう。

学園での勧誘

一九七〇年前後の「七〇年安保闘争」が落ち着きを見せると、次に学園に現れたのが、カルト宗教の集団であった。

「親泣かせの原理運動」と呼ばれた、統一協会による学生を対象にしたサークル活動を装った勧誘活動に続いて、様々な新宗教などによる学生への勧誘が始まった。

こうした、新宗教による学生の勧誘は、決して過去の話ではない。

二〇一一年三月一一日に起こった東日本大震災の際、現地で活動した学生ボランティアの中にも、先に紹介した、統一協会によるサークル活動、「原理研究会／ＣＡＲＰ」

が名前を変えて紛れ込んでいたという情報もある。

二〇二〇年も、各地の大学などでは前述の『カルトって、知ってますか?』と題した冊子が新入生に配られた。各大学としても、学生たちがカルト集団に取り込まれて本来の勉学を放棄してしまわない体制を維持するために、必死なのだ。


私も、今回の取材の中で、学生や若者たちをターゲットとした、九〇年代にはなかったカルト教団を知ることになった。

「摂理」と呼ばれる新宗教である。

正式名称は、「基督教福音宣教団」。

教祖は、鄭明析《チョンミョンソク》(一九四五年〜)。

これは韓国発生のキリスト教系の新宗教で、統一協会を脱会した鄭明析が、一九七九年に設立、学生を中心に拡大した。韓国ではJMSと呼ばれる。

摂理の掲げる教義は、統一協会に一部似ているが、その信者は主に若者だ。大学のサークル活動などを通じて、学生たちを勧誘しているという。

この、なかなか全体像が見えてこない摂理の実態を知るべく、前述の「家族の会」事務局長にお電話したところ、『高等教育ジャーナル――高等教育と生涯学習』（二〇〇七年、北海道大学高等教育機能開発総合センター）に掲載されている、櫻井義秀による論考、「キャンパス内のカルト問題――学生はなぜ摂理にはいるのか」を紹介くださった。

櫻井の論考では、他に、『中央公論』の二〇〇六年一〇月号にも、宗教団体としての摂理を分かりやすく解説した、「「カルト」の被害をどう食い止めるか――摂理とキャンパス内勧誘」が掲載されているとのことで、早速、神奈川県立中央図書館へ駆け込んだ。

これら二本の論考を元に、学生を主な信者とする新宗教、摂理についてまとめてみたい。

摂理について、二〇〇六年七月二八日付の朝日新聞（全国版で社会面トップ、関西・西日本版では第一面）が、大々的に批判している。

「教祖、性的暴行繰り返す」「被害者百人超か」「韓国カルト日本で2000人」という、センセーショナルな見出しが躍っている。

櫻井によると、週刊誌や月刊誌はまだしも、新聞がこのように「カルト」という言葉を用いることはごく稀であり、本来は慎重な判断が必要だということだ。それでも、朝日新聞は摂理をカルトと断定して報じた。その理由を見ていこう。

教祖である鄭は、気に入った女性信者への強姦容疑で国際手配され、一九九九年から国外逃亡。二〇〇七年五月に、逃亡先の中国で身柄を拘束された。日本・韓国における暴行の被害者は数百名を下らないとされる。

韓国では、民放各社が女性信者と乱舞する鄭の映像もまじえて、摂理による被害の実態や摂理による問題隠蔽工作についてマスコミによる報道がなされ、摂理元信者の相談にのる機関も設立された。

鄭は、二〇〇九年四月に懲役一〇年の刑が確定。二〇一八年二月一八日に刑期を満期で終えて出所している。これに際して、対策弁連や日本脱カルト協会は、二〇一八年二月二三日、「活動が再び活発化する恐れがある」として、会見を開いて警戒を呼びかけている。

摂理は、主に大学生を対象に布教活動を行ってきた。学生に近づく際、宗教団体としての教義、組織活動、指導者等について、まったく情報を与えないまま、様々なサークルを偽装するというのが、摂理のやり口である。

こうした、正体を偽った布教活動については、元信者が統一協会の伝道方法を告発した際、最高裁において違法であると判決が下ったとおり、許されるものではない。

こういった、教祖による醜悪な犯罪行為と布教方法が、朝日新聞が摂理を「カルト」だと断じる決め手となったようだ。

朝日新聞は、二〇〇六年、本記事以降にも摂理に関する記事を続けて掲載している。

「『摂理』教祖、今春、中国に　女性信者らと潜伏」（七月二九日）

「摂理、50大学に信者」「聖書サークル装う」「東大・京大・早大……標的」（七月三〇日）

「摂理献金1億円超　教祖逃亡に流用か」（七月三一日）

教祖の鄭明析と、その教義については、次の通りである。

鄭は、一九四五年、韓国中央部の熱心なキリスト教信者の家に生まれた。生活は貧しく、鄭は小学校を卒業しただけで、二二歳で軍隊へ。除隊後、三〇歳で統一協会へ入会した。宣教活動に励むなか、自らを「再臨のメシア」と称する文鮮明に影響を受ける。

摂理では、「三〇講論」というバイブルが用いられているが、信者には協会外部でその教義を広範に教えることが戒められている。櫻井によれば、そこには「隠された真理を知るものという特権意識（選ばれし者）」を信者に与える効用があるという。

その内容は研究者によってすでに明かされており、統一協会による「原理講論」との類似性が指摘されている（「キャンパス内のカルト問題」に詳しい）。

特に注目すべきは、本書でも先に述べた、「堕落論」に関する教義だろう。

元摂理信者によると、アダムとエバが木の実を食べて互いが裸だと気づいた時点で、二人の年齢は、エバ一四歳、アダム一六歳だと教えられるという。聖書におけるこれらの記述を、悪魔とエバの性交（霊的堕落）、アダムとエバの性交（肉的堕落）として、人類の祖先には悪魔の血統が流れ込んでいるとする（＝原罪）点は、統一協会と同じ「堕落論」の解釈である。

そのように「堕落」した人類を救うための「救済史観」も共通している。

神は人類を救うために多くの中心人物を立ててきたが、イエスの十字架は霊的救済にとどまり、完全な救済は「再臨のメシア」に委ねられた、とされるものだ。「その「再臨のメシア」こそ、私（統一協会＝文鮮明、摂理＝鄭明析）である」、というのが、それぞれの教祖の主張である。

なお、櫻井は、こうした聖書の解釈について「現在の聖書学において問題外である」

とする。

（1）実を食べるという言葉に性交の意味はない

（2）蛇に賢い動物以上の意味が与えられていない

（3）エバとアダムの年齢等書いていない

（4）そもそも霊的存在と人間がどうして性交できるのか

これらがその理由である。

鄭は、日本をめぐる宣教旅行の際にも、地域協会から選抜された女性信者を呼び出して性的暴行を行ったといわれる。

「再臨のメシア」に暴行されたという事実を、熱心な信者である彼女たちが正面から受け入れるのは難しいだろう。被害者は、何か教義上の深い理由があるのではないか、あるいは教祖から特別な愛を受けたのではないかと錯誤するか、先輩格の女性幹部からそのような内容の説教を受け、それを信じるしかなかった。櫻井は、これを「典型的なカルト教団の指導者による女性信者に対する性的搾取のパターン」であるという。

こうしたカルトに、なぜ学生が入るのだろうか。

摂理の入口は、一見普通のサークルのような、ソフトなグループからの誘いにある。大学入学までの、厳しい管理体制下での学校生活から解き放された学生たちは、親切にスポーツや文芸などのサークルに誘われると、「こんなに親切にしてくれるのだから」と気を許して入会してしまう。

そして、友人とはメールやＬＩＮＥによる表面的な交流が多く、多様な思想の持ち主との交流も少ないなか、その「サークル」内で「心から語り合える」と感じる仲間と出会い、どっぷりつかってしまう。

それが本当にサークルで、多様な価値観に触れられるのであれば問題ない。しかし、それだけではないことは、既に述べた通りだ。

統一協会と日本勝共連合

一九八〇年代以降、様々な新宗教が政治、特に右翼団体とのつながりをもち始めたことも重要だ。

家庭連合（旧統一協会）と右派政治家とのつながりの経過を探ってみたい。

ここでは、塚田穂高編著『徹底検証　日本の右傾化』（二〇一七年、筑摩書房）の中から、鈴木エイト（ジャーナリスト）による寄稿、「統一教会＝勝共連合――その右派運動の歴史と現在」を参考にする。

一九五四年、文鮮明によって韓国で設立された統一協会は、当時「反共産主義」を旗印にしていた朴政権と組むことで、キリスト教会系としては、異例の速さで布教を拡大していった。

韓国において、右派政治家と統一協会はすでに密接な関係を持っていたというわけだ。日本に統一協会が上陸したのは一九五八年。翌年、「世界基督教一神霊協会」の名前で、すぐに宗教団体として認められた。この「速さ」の背景には、岸信介（当時首相）と、政商・小佐野賢治の存在が大きいとされる。

文鮮明はさらに、日本の右翼界の大物、笹川良一や児玉誉士夫などとも交流を持ち、岸信介の支援を受けて、一九六八年四月、「反共産党」を旗印に掲げる「国際勝共連合」を発足する（韓国では同年一月に発足済み）。米ソの対立が続くなかでの立ち上げであった。

日本側の初代会長は、統一協会の会長でもあった久保木修己。名誉会長は笹川良一、顧問団に小川半次、大坪保雄、辻寛一、千葉三郎、玉置和郎、源田実らが名を連ねた。

その活動を陰で支えたのが、統一協会信者の若者たちだったという。

この勝共連合の活動は現在も続いており、「集団的自衛権の行使容認」や「非核三原則の改廃」、「武器輸出三原則の改廃」や「防衛産業を成長戦略に盛込む」など、その主張には過激な右翼思想が目立つ。他にも、「新しい憲法をつくる国民大会」に賛同的であるなど、憲法改正も主張している。

二〇一六年、「大学生遊説隊UNITE（ユナイト）」と称した団体を立ち上げ、若者を前面に出す形での憲法改正や安保法制の賛成を訴える街頭活動を行っていたことも記憶に新しい。

また、各大学の原理研究会／CARPの背後にも勝共連合がいるという。

こうしたつながりから、統一協会信者の若者たちは、保守系議員の選挙を無償で支えている他、議員秘書になったり、地方議員にも進出したりする者もいる。

第一次安倍内閣（二〇〇六年～二〇〇七年）、第二次安倍内閣（二〇一二～二〇二〇年）とも、統一協会による選挙協力はすさまじく、安倍晋三にこびへつらう意味もあって、統一協会に協力する多くの右派政治家たちが、地方議員から国会議員にまで広がり、安倍政権下で重用されるようになった。

宗教と政治は、互いに尊重はしても、支配の関係は許されず、政教一致は憲法違反であることを忘れてはならない。

二〇二〇年九月に発足した菅内閣の閣僚にも、統一協会に近しいメンバーがいるという。

二〇二〇年一一月九日付のハーバー・ビジネス・オンラインによる記事「統一教会系閣僚9人。安倍政権と変わらぬ菅政権の「新宗教・スピリチュアル・偽科学」関係」(https://hbol.jp/231818) によると、閣僚二一名のうち、以下の九名が統一協会に近しいメンバーだという。

菅義偉（内閣総理大臣、自由民主党総裁）
麻生太郎（副総理、財務大臣、金融担当大臣、デフレ脱却担当大臣）
武田良太（総務大臣）
萩生田光一（文部科学大臣、教育再生担当大臣）

岸信夫（防衛大臣）
加藤勝信（内閣官房長官）
平沢勝栄（復興大臣）
小此木八郎（国家公安委員会委員長、内閣府特命担当大臣）
平井卓也（デジタル改革担当）

菅内閣は、まさに「統一協会内閣」と言ってもいいだろう。

これでは、現在も起こっている統一協会による霊感商法などについて、マスコミ報道されないのも無理はない。

加藤勝信内閣官房長官、萩生田光一文部科学相については、旧統一教会系の団体に会費を支払っていたことが、二〇二〇年九月二五日付の『しんぶん赤旗』で報じられている。

旧統一教会系の団体である「世界平和女性連合」に対し、加藤官房長官は、二〇一四年三月と二〇一六年三月に、それぞれ一万五〇〇〇円を支出していた。また、萩生田文部科学相も二〇一九年一二月七日、同団体に対して一万五〇〇〇円を支出している。二

○一九年分政治資金収支報告書で明らかになっている。

「世界平和女性連合」は、一九九二年に文鮮明が創立した。留学生支援などを表面上の名目としたボランティア団体で、巧妙な手口で勧誘活動や霊感商法などを行っていることで知られる。

対策弁連の山口広弁護士によると、「旧統一協会に親和的な国会議員は少なくとも二○～三○人いるとみられ、それぞれ地元での信者の勧誘でその議員の名前が利用されている」とのことだ。

私が住む横浜市でも、日本大通り公園の清掃を名目に、家庭連合のボランティアグループが活動している。

彼らを取材したことがあるが、神奈川県内の横浜国大や関東学院大、神奈川大やその他専門学校の学生たちだった。「緑を守るボランティア」として活動しているとのことであったが、選挙の折には特定の候補者支援を行っている姿も見られた。

第四章「新宗教と政治家」では、統一教会も参加している右翼団体「日本会議」についても触れたい。

第二章　新宗教とマインド・コントロール

新宗教と聴覚

それは、新宗教の他、新興宗教とか、新々宗教などとも言われる。

本書では、江戸時代までに成立した旧宗教と区別される明治以降の宗教を、「新宗教」としたい。

アジア太平洋戦争後は特に、「信仰の自由」の下、それまでの天皇中心主義による「宗教弾圧」から一転、宗教法人に対する税制上の制約や、社会的な規制が取り外されたことから、多くの新宗教が生まれた。

新宗教の〝起源〟については、一八九二年に出口なおが設立した「大本教」を指す説が強いが、私は幕末に誕生した「本門佛立講」（のちの「本門佛立宗」）を挙げたい。

『主婦を魅する新宗教』を上梓した際、少なからぬ新宗教団体から、「長松日扇が開いた本門佛立宗について調べるのがいい」と言われた。親切に長松日扇や本門佛立宗についての資料を送ってこられた新宗教団体もある。

長松日扇（一八一七年～一八九〇年）は、京都の裕福な商家に生まれた。幼少から書、絵画、漢学、国学、和歌などについての教養の幅を広げ、二五歳の時には、公家の邸宅で源氏物語を講じるまでになった。

母親の死後、長松は救いを求めて全国の寺を訪ね歩くが、「死後の成仏を説く」宗教が多く、現世での悩みを解決してくれる宗教はなかった。

宗教はそれまで幕府によって保護されていて、庶民のものではなかった。そこで彼は、現世での悩み（貧・病・争）を解決するような、「現世利益」の宗教の設立を思いつく。

現世の利益もみずにおろそかにも
　法の邪正をあげつろふかな
長松　日扇

こうして長松は本門佛立講を立ち上げた。

布教に際して長松が注目したのは、「リズム」だった。彼は、「南無阿弥陀仏」より法華経の「南無妙法蓮華経」の方が、リズムが良いと考え、そちらを採用した。

現在も、本門佛立宗の信者たちは、早朝、小さな拍子木を持ち、先導する僧侶の読経と太鼓の音に合わせて、「南無妙法蓮華経」を読経する。

読経と拍子木は、少しずつ速くなる。そのリズムに導かれるように、信者の体が波打つように動く。「南無妙法蓮華経」のリズムが、精神を高揚させるのだろう。一種のトランス状態、あるいは「無我の境地」とも言えるのか。

新宗教の多くが、日蓮宗や法華宗の「南無妙法蓮華経」を使っていることからも、リズムとの関係は納得されるところである。本門佛立宗では、「病治し」にも使われる手法だ。

長松はまた、教義をわかりやすくするために、三八〇余種の和歌を使って「御教歌」をつくった他、俳句、詩、今様、謡曲、長唄、地歌、都々逸、藤八拳、子守歌、いろは歌留多、双六などを使って布教につとめた。ここでもリズムが重視されていることがわかる。

こうした、「貧・病・争」という庶民の悩みを癒す「現世利益」は、新宗教の基本となっているといえるだろう。

「わかりやすい教義」や、気持ちのよい読経の「リズム」が、新宗教布教の基本となってきた歴史があることを、覚えておいてほしい。

マインド・コントロールと聴覚

一九九二年夏、歌手の桜田淳子らが合同結婚式に参加した際、その行動原理を説明する論理として、「マインド・コントロール」という言葉が日本社会で広く聞かれ始めるようになった。


「どうして統一協会に入ったのかしら」

「なんでも、マインド・コントロールされたらしい」

「マインド・コントロールって何？」

「私も本当のところは分からないけれど、狭い空間で集中して一つの考えを教え込まれるらしいのよ」

「ふうん。それで合同結婚式に行ったの？」

「私もわからないけれど、まじめな人ほどマインド・コントロールされるらしいって」

私の周囲でも、こんな会話が交わされていたのを思い出す。

同じ頃私は、統一協会など、いわゆるカルト宗教からの脱会者が集まって行われるミーティングを取材する機会を得た。

彼らの多くは統一協会からの脱会者で、大学生の時に統一協会のビデオセンターに誘われて統一協会員（「シック」と呼ばれた）となり、「伝道」と称する活動に従事していた。

彼らに出会った時の、最初の印象は、「素直な若者たち」だった。

彼らは、「真の御父母様」は統一協会の教祖とその妻であると信じさせられており、実の両親は「仮の父母」であると教え込まれていた。

私は「バカみたい」と思いながらも、そのようなことを本気で信じさせることができる「不思議さ」を思い、「恐ろしい」とも考えるようになった。

これが、私がマインド・コントロールについて考える出発点となった。

より多くの人々がマインド・コントロールという言葉を耳にしたのは、一九九五年三月二〇日の、地下鉄サリン事件がきっかけだったのではないだろうか。

一九九五年は、一月一七日に六四三七人の死者が出た阪神・淡路大震災があり、全国から多くのボランティアが駆け付けたことから「ボランティア元年」とも呼ばれた年でもある。

未曾有の大震災から立ち直る暇もなく、同年三月二〇日朝、東京の中心部を走る地下鉄三線で猛毒サリンがまかれる、地下鉄サリン事件が起きた。

死者は乗客・駅員あわせて一四名、負傷者は約六三〇〇人といわれる。

この事件は、諸外国では「テロ」と報じられた。

事件から二日後の一九九五年三月二二日、警視庁は、オウム真理教に対する強制捜査を開始した。その後、オウム真理教の元幹部・林郁夫による事件への関与の自供がきっかけとなって、同年五月六日、教祖の麻原彰晃を首謀者として逮捕。その後、関係者四〇名が逮捕された。

猛毒の化学薬品サリンを使用しての大量殺人事件であっただけではなく、この事件に関わったオウム真理教の幹部四五名が、軒並み、いわゆる「高学歴」の若者であったことが、社会に衝撃を与えた。

主な幹部の学歴と事件当時の年齢は、次の通り。

早川紀代秀（四五歳）：神戸大学農学部、大阪府立大学大学院修士
村井秀夫（三六歳）：大阪大学理学部物理学科（トップ合格）、同修士
新実智光（三一歳）：愛知学院大学法学部
石川公一（二六歳）：東京大学医学部医学科
豊田亨（二七歳）：東京大学理学部、同修士
林郁夫（四八歳）：慶應義塾大学医学部
遠藤誠一（三四歳）：帯広畜産大学畜産学部獣医学科、同修士（獣医師資格取得）
土谷正実（三〇歳）：筑波大学第二学群農林学類、同博士課程中退
上祐史浩（三二歳）：早稲田大学理工学部、同修士
青山吉伸（三五歳）：京都大学法学部（在学中全国最年少で旧司法試験に合格）
井上嘉浩（二五歳）：京都府立洛南高校

当時、彼らについての報道では、一様に「真面目過ぎるほど真面目だった」とされた。
そんな彼らが、なぜ、無差別殺人事件を起こしたのだろうか。

まずは、教祖であった麻原をはじめとする幹部が、多数の容疑で逮捕されるまでの流れを簡単に振り返ってみたい。

一九八四年、麻原彰晃がヨガサークル「オウム神仙の会」を結成。一九八九年には、同会を発展させる形で、東京都で宗教法人の認証を受け、宗教団体に。

一九八九年一一月、「オウム真理教被害者の会」世話役であった坂本堤弁護士とその一家が拉致される。ジャーナリスト江川紹子、日弁連が独自に調査報道を開始する。

一九九〇年二月、麻原が「真理党」を結成、東京四区で衆議院選挙に二五人の候補者を出馬させるが惨敗。麻原彰晃のお面を被り、「ショウコウ、ショウコウ」と歌い踊って、マスコミの注目を浴びた。以後、麻原彰晃をはじめとするオウム真理教幹部は、テレビ等のマスメディアに登場するようになり、ビートたけしなどの芸能人とも共演。

一九九〇年四月、選挙出馬にかかった費用や借財を返済するため、「オースチン彗星接近の危機から救われる」として「石垣島セミナー」を開催。参加費は三〇万円。一二〇〇人程度が参加、五〇〇人程度が出家したとされる。以後信者に出家を勧めるようになる。

同時期、熊本県波野村、山梨県上九一色村等に教団施設を建設して、地元住民と対立。熊本県警がオウム真理教本部を捜索。また、教団系列の子会社を設立して事業に乗り出し、トラブルを起こしては告訴で解決しようとしていたのもこの頃である。

上九一色村村民代表であった竹内精一は、アンソニー・トゥー著『サリン事件死刑囚――中川智正との会話』（二〇一八年、KADOKAWA）の中で、

「あのとき、政府が村民の声を聞いてオウムの行動を調べていたら、松本サリン事件も東京の地下鉄事件も起きなかっただろう」（一八六頁）

と述べている。政府が何も干渉しなかったので、村民会議を開いて、オウムと直接交渉するしかなかったという。

なお、オウム真理教の荒木浩を中心にオウム真理教信者の日常を追ったドキュメンタリー映画『A』を制作した森達也による著作『A3』（二〇一〇年、集英社）でも、警察や自衛隊は「事前に（地下鉄サリン事件）知っていたのではないか」との指摘がある。

一九九四年六月二七日、オウム真理教の幹部らが、長野県松本市北深志の住宅街で猛毒サリンを散布。死者八人、約六〇〇人が負傷。当時、サリンの存在は広く知られておらず、七月三日、長野県の衛生公害研究所（現、環境保全研究所）による分析の結果、

サリンであることが判明した。また、後に山梨県上九一色村のオウム真理教施設近くでもサリンが発見された。

一九九五年三月、サリン毒ガス容疑で警察が内偵、マスコミがオウム犯行説を流している間に東京地下鉄サリン事件が発生。

同年四月、警視庁は教団関連施設を一斉捜査、警察庁長官が狙撃され、重傷を負う。

その後、両サリン事件、假谷さん拉致事件他多数の容疑で、教祖以下教団幹部、信者が多数逮捕されるに至り、二〇一八年七月一六日と二六日の二回に分けて、麻原彰晃を含む元幹部ら一三名の死刑が執行された。

オウム真理教は、地下鉄サリン事件で宗教法人の取り消しを受けた後、「アレフ」と改名。そこから派生して「ひかりの輪」などの新宗教も生まれた。

それぞれの危険性については今も危惧されており、二〇二〇年一〇月二六日付の日本経済新聞が、「公安調査庁が同二六日、二〇二一年一月末に期限が切れるオウム真理教（アレフに改称）や分派した「ひかりの輪」など三団体に対する団体規制法に基づく観察処分の更新を公安審査委員会（房村精一委員長）に請求した」と報じている。請求は七回目で、教団元幹部の死刑執行後では初めてのことだという。

あらためて、オウム真理教の信者は、なぜあのような犯罪に走ったのだろうか。また、信者たちは教団に洗脳されるようになったのだろうか。

死刑が執行される五年くらい前、私は、死刑囚となった元オウム真理教信者の母親たちから話を聞く機会があった。

加害者家族である彼女たちは、現在はそれぞれの暮らす地方で、社会とは縁を切ったような生活をしていると話してくれた。

「小さい時から、気が優しくて、兄弟思いの子どもでした」

「科学の本が大好きで……兄の科学雑誌をよく読んでいた」

「あんなに自慢の息子だったのに」

「どうして、あんなことをしたのでしょうかね」

学校の勉強も優秀で、母親にとっては自慢の子どもたちだったのだろう。

我が子の裁判の傍聴席で、白髪の目立つ彼女たちが背中を丸くして座っていたのが印象的だった。

『新興宗教ブームと女性』増補版を出すにあたって、カルト集団からの脱会に関わっておられる方から、

「マークシート式に答えを選んでいくような受験競争をくぐり抜けると、その後、生きていく上で迷いが生じた際にオウム真理教が謳ったような〝超能力〟に引き寄せられていく」

との話を聞いたこともある。

オウム真理教だけではなく、「カルト」と呼ばれる新宗教や集団による「何か」が、その人のそれまでの思想や行動基準を変えてしまうというマインド・コントロールとは何なのか。私は不思議でならなかった。

そんな疑問に、一冊の本がヒントを与えてくれた。

東京大学助教授の伊東乾著『さよなら、サイレント・ネイビー――地下鉄に乗った同級生』（二〇〇六年、集英社）である。

副題にあるように、伊東は二〇一八年に死刑になった豊田亨（地下鉄サリン事件実行犯）の、大学時代の同級生だった。

学生時代にはもの静かだった「豊田君」が、なぜオウム真理教であのような殺戮事件を起こしたのかを解き明かす旅に出る、というのがこの本の概要である。

その旅のなかで、伊東は、神奈川県厚木市にあるＮＴＴ基礎研究所で、次のような「認知」のメカニズムについて話を聞く。

「耳から入った音情報、特に情動を喚起するような情報は、脳の高次認知が発動するより先に感情や行動を動かしてしまう」（七四頁）

次は、伊東の言葉だ。

「音声メディアは人間の論理的な判断より先立って、感情や意思、そして行動を変化させてしまうものだという。ナチスのこと、また『なぜ玉音放送は、一億玉砕の空気を瞬時にして白けさせたのか』という問題意識に、大きなヒントが与えられたような気がした」（七五頁）

「音」はいち早く脳に到達することで、感情や行動を制御するというのだ。

マインド・コントロールと深いつながりがありそうだ。

その後、豊田亨をはじめとする地下鉄サリン事件の死刑囚らが書き残した資料を読んだ伊東は、彼らが共通して、麻原教祖から「解脱」と称する修業を受けていることに気づく。

それは、人間一人が胡坐をかけるだけの狭い空間の中、暗闇の状態で、麻原による「人を殺せ！」などといった「呪文」を長時間聞かされるというものだ。

「視覚」や「自由な行動」を奪った空間、すなわち「音」に集中できる空間で、一方的に「音」を聞くことを強制される。これが、オウム真理教におけるマインド・コントロールの手口の一つであることは間違いないと私は感じた。

オウム真理教によるマインド・コントロールについては、次の話も参考になった。

地下鉄サリン事件から二四年目の三月二〇日、フリージャーナリストの青木理による、オウム真理教から分かれた新宗教「ひかりの輪」の代表、上祐史浩への取材だ（『暗黒のスキャンダル国家』二〇一九年、河出書房新社）。

取材のなかで、上祐は次のように語った。

「最後の二年ほどは確かに薬物による体験が追加されましたが、当初からではありません。要するに激しいヨガ行法の産物です。極限まで睡眠や食事を減らし、朝から晩までほとんど寝かせないような状況の下、不思議な体験をする」（一六八頁）

「音」によるマインド・コントロールについては、辻田真佐憲著『日本の軍歌――国民的音楽の歴史』（二〇一四年、幻冬舎）も興味深い。

ここでは、一八八五年から敗戦の一九四五年までに作られた、一万曲を超える軍歌について、国民を戦争に駆り立てる「道具」としての側面が紹介される。当時の軍歌は、国民にとって最も身近な娯楽であったともいえるだろう。

一九三九年生まれの私も、アジア太平洋戦争時代は幼児だったので、戦時中の空気はおぼろげだが、家族がラジオから流れる「軍歌」に耳をすませていたことは覚えている。

マインド・コントロール

ここでは、紀藤正樹著『マインド・コントロール』（二〇一七年、アスコム）と、岡田尊司著『マインド・コントロール（増補改訂版）』（二〇一六年、文藝春秋）を参考に、マインド・コントロールについて、より詳しく掘り下げてみたい。

マインド・コントロールは、「カルト」とセットで語られることが多い。

「カルト」とは、「耕すこと」「世話をする」というラテン語から生まれた言葉で、「何らかの体系化された礼拝様式」を意味し、「カルチャー」と同じ語源である。

この「礼拝様式」が、「特定の人への礼賛」や「熱狂的な集団」を指す語になった。

紀藤氏によれば、カルトは宗教につきもので、「どんな宗教もカルト的と言えるでしょう」とのことだ。しかし同時に、

「どんな宗教もたくさんの人に信仰されればされるほど、カルト的な性格をなくしていきます」（一二五頁）

「私たちの周囲にあるほとんどの宗教は、カルトとは呼ぶべきではありません」（一二六頁）

ともしている。

このマインド・コントロールには、どのような歴史があるのだろうか。

朝鮮戦争の際、捕虜になってから帰国したアメリカ軍兵士たちが、「人が変わった」ことから、その理由について、アメリカのＣＩＡ（大統領管轄の中央情報局）が研究を始めたことは有名である。

ところが驚くなかれ、岡田によれば、マインド・コントロールについて最初に関心を

持ったのは、旧ソ連の共産主義革命を牽引したレーニンだったという。

私もこれには驚いた。

レーニンは、当時、天才生理学者のイワン・パブロフをモスクワに呼び寄せた。「パブロフの犬」という言葉は、誰しも一度は耳にしたことがあるだろう。

パブロフは、犬を使った実験のなかで、「ベルを鳴らしてから餌を与える」ことを繰り返した。その結果、犬はベルが鳴っただけで涎《よだれ》を出すようになった。この「条件付け」の研究を、「パブロフの犬」という。

この「条件付け」は、トリガー（引き金）と呼ばれ、私たちの生活にも影響を与えることがある。例えば、子どもの頃に犬に噛みつかれた体験をすると、その後、犬を見ただけで避けるようになる、というのもこの「条件付け」の結果である。

もちろん、こうした「条件付け」を生活にプラスになるよう利用することもできるが、この原理を他の人の行動や心理状態をコントロールするのに応用することもまた、できるのである。

この「条件付け」については、統一協会を脱会した女性への取材を思い出す。

彼女は、大学卒業後の進路について迷っているときに、駅頭で信者に誘われた。ついて行った先はビデオセンターで、ヒーリングミュージックがかすかに流れる薄暗い部屋でビデオを見せられ、その後、統一協会に入会したという。

彼女は入会後、家族には内緒で「セブンデイズ」と呼ばれる、七日間にも及ぶ長期の研修を受けて、プライバシーのない合宿生活を送った。合宿後は、ワゴン車で寝泊まりをしながら商品を売る「修業」に従事した。ノルマを達成できない時は、寝ずにスナックやバーに飛び込んで、歌を歌うなどしてノルマをこなす生活を強いられた。

これはまさに、「条件付け」に必要な「短い睡眠、乏しい食事、過酷な労働」などが揃った環境であり、彼女の思考力や判断能力は奪われていたといえるだろう。

この「条件付け」を消す方法もある。

それは、パブロフが思いもかけないアクシデントに遭ったことから発見された。

ある日、パブロフが実験を行っていたロシアのレニングラードが大洪水に見舞われ、実験に使っていた犬たちもおぼれそうになった。その大洪水の直後、条件付けされていた犬たちは、食事のベルが鳴っても以前のように反応しなくなったのである。

それだけではなく、今まで従順だった犬が乱暴になり、乱暴だった犬がおとなしくなったのである。

これは、「超逆説的反応」と呼ばれるもので、多くの実験が同じ現象を証明している。生存にかかわるような体験をすると、それまでの行動が反転してしまうというものだ。

岡田はこれを、次のように述べる。

「瀬戸際まで追い詰められたとき、既成のプログラムが解除され、プログラムの書き替えが起こりやすくなるということである」（六八頁）

プログラムが書き換えられるほどの「瀬戸際」については、

「過激な極限状態にその人を追い詰められていくということである。短い睡眠時間、乏しい栄養、孤独で隔離された環境、不規則で予想がつかない生活、苦痛に満ちた生活、過酷で単調なルーティンワーク、非難と自己否定、罵声や暴力による屈辱的体験、快感や娯楽を一切許されないこと、理不尽で筋が通らない等々」（一六八頁）

と説明がある。

では、この「超逆説的反応」をそのままカルトからの脱会に応用できるかといえば、やはり話は簡単ではない。

岡田は、カルト集団（宗教）からの脱会についても述べている。紹介されている多くの事例は、アメリカ（アメリカには、カルト集団・宗教が多い）における脱会の事例である。

そこでは、睡眠時間を短くして思考力を奪ったうえで、地下室のような「うす暗い空間」で、長時間にわたって「カルトの否定理論」を聞かせるような方法が効果的であったという。

ここまで紹介した「条件付け」とまったく同じ環境の下で「条件付け」し直していることがわかる。

こうした脱会のプロセスには、専門のカウンセラーが立ち会う。

この、脱カルト・カウンセラーの役割は重い。失敗すれば、カルト集団へ逃げ帰ったり、カルト集団から訴えられる危険性もある。この本で紹介されていた事例でも、有名な脱カルト・カウンセラーが、カルト集団に入った妹の脱会に失敗して、訴えられたことが紹介されている。

岡田によると、この「条件付け」は、「気まぐれで支配的な人物が依存的な人を支配する」メカニズムにも利用されるという（一六六頁）。

ある時は執拗に怒り、かと思えば手の平を返したように褒めちぎることもある「気まぐれ」な人物が、なんらかの形で「支配的な」地位を手にしていたとする。すると、その人物に従わざるをえない（依存的）立場にある人間が、その人物が何をすれば怒り、何をすれば褒めるのかを先回りして考えるようになり、気が付けば自発的にコントロールされているという状態を想像して欲しい。

「支配されている人物は、いつのまにか、この〝安定剤〟に依存するようになる。それを維持するために、愚かしいまでに努力をして、相手に尽くすということも起きる」（六五頁）

こうした記述から思い起こされるのは、ＤＶ（ドメスティック・バイオレンス）と呼ばれる、夫婦間や恋人間での暴力ではないだろうか。

以前、カルト研究で有名な精神科医の平山正実氏にお話を聞いたことがある。「カルトの被害者は、ＤＶ（配偶者等からの暴力）の被害者、特に精神的虐待を受けた女性の被害状態に似ている」

という言葉が印象に残っている。

私は、一九九八年にシンガポールで開かれた「家庭暴力世界会議」に参加したのをきっかけに、二〇〇〇年、『女性への暴力』（新評論）を上梓している。執筆しながら、DVから逃れることがいかに大変かを思い知ったものだ。

DVは、「暴力爆発期」、「ハネムーン期」、「いらいら期」という三つのサイクルを持つ。

「暴力爆発期」、緊張がピークに達した加害者は激しい暴力を振るう。その後、「ハネムーン期」が訪れ、加害者は「もう暴力は振るわないから」などといった言葉をかけたり、優しくしたりする。その後、「いらいら期」に突入し、ふたたび緊張が高まって、加害者はピリピリしていき、「暴力爆発」に戻るというサイクルだ。

ここにも、「気まぐれな支配者」がいることがわかる。

こうした暴力から逃れることができたとしても、精神的に立ち直ることが難しい被害者が多いのも、DVの特徴である。

DVにおける暴力は、「理由なく」振るわれる。やがてハネムーン期が訪れたとしても、加害者の「優しい態度」にほっとする間もなく、次の暴力がいつ来るのかとおびえる生活は、被害者の思考力を奪っていく。これはまさに、カルトによる精神的虐待と似通っている。

前述の平山正実氏によれば、

「アメリカでは、医学部で学ぶ大学生は全員、カルトによる精神的被害の症状がどのようなものかを学ぶことになっている」

とのことだ。

アメリカだけではなく、欧州やカナダ、オーストラリアなどでも「カルト研究所」が設置されている。

日本でも、早急にカルトについてより専門的な研究を行うべきだが、なかなか進まないのは、統一協会をはじめ、カルト宗教と政治家との関係が深いからだろうか。

ファシズムとマインド・コントロール

革命家レーニンがマインド・コントロールに真っ先に目をつけていたことを紹介した。

政治とマインド・コントロールといえば、ナチス・ドイツを思い浮かべる人も多いのではないか。

そこで、「まえがき」でも少し触れた、田野大輔著『ファシズムの教室』を紹介したい。

著者は甲南大学文学部教授で、専門は歴史社会学。本書では、二〇一〇年から一〇年にわたって、田野が授業のなかで行った「ファシズムについての体験学習」の記録が紹介されている。

この「ファシズムについての体験学習」は、第二次世界大戦中のドイツにおいて「なぜヒットラー政権がドイツ国民に受け入れられたのか」を、「集団行動」を通して学生たちに学ばせるというものだ。

第一次世界大戦後、経済不況も手伝って、ドイツやイタリアなどで独裁的な集団主義が台頭、議会制民主主義が否定されるなかで、「偏狭的な民族主義」や「排外主義」が国民に受け入れられるようになった、というのが一般的な歴史認識ではないだろうか。

しかし田野は、どんなにファシズムについて言葉で語っても、学生たちにその本当の恐ろしさは伝えるのは難しいと考えた。そこで、机上での歴史学習を超えて、実際に「集団主義」（ファシズム）がどのようなものなのか学生たちに体験させたのが、この「ファシズムの教室」である。

どんな授業なのか。

まず、学生たちに白いワイシャツにジーパンという「同じ服装」をさせる。学生たちは最初こそ戸惑うが、考えてみれば、高校時代の制服と変わらないわけなので、徐々に全員同じ服装をしていることに抵抗を示さなくなる。

次に、学生たちが教室で発言するときには、先に「ハイル・ヒトラー」ならぬ、「ハイル・タノ」と言いながら、右手を肩より上に上げることを義務づける。

こちらも、学生たちは、初めは驚いたようだが、その条件を呑んで実行する。

ここで田野は、学生のうちの一人に、皆と「違う服装」をさせる。

すると他の学生たちは、自分たちと違った服装の学生に対して、それまでとは違った態度を取るようになる。すなわち、「なんで、皆と違った服装をしてくるんだ！」といった、「異端を許さない」空気がクラスの中に生まれる。

同じ服装をした学生たちは、徐々に、そのままの姿で教室の外にも団体で出て行くようになる。

授業に参加していない他の学生たちは、驚いて彼らを眺めるが、同じ服装をしている学生たちは「自分一人だけではない」と考えるのか、そうした眼差しを無視する。

「みんな一緒」という、集団の強みがそこにはある。

授業は、さらに進む。

同じ服装をした学生たちを引き連れたタノ総帥は、学園のグラウンドに設置されたベンチで、膝枕をしていちゃついている男女学生（事前に田野が依頼）に近づく。

タノ総帥が、「ふざけてるよな」と学生たちをけしかけると、彼等は一斉に、ベンチの男女に対して口々に「ふざけるなよ」と叫ぶ。

これが、田野による「ファシズムの授業」である。

学生たちは、「全体主義」における「個人」がどのような態度になるのかを身をもって学ぶ。

参加した学生たちは、次のような感想を残した。

「教室からグランドへ出る前は面白半分だったけれど、ベンチでふざけている学生に『ふざけるなよ』と大声で言ったら『やってやった！』と思う自分がいて驚いた」（一〇七頁）

「自分が（この授業に）従うモードになったら、従わない、いい加減な奴に『真面目にやれよ』と思った」（一〇七頁）

田野による授業には、考えさせられるものがあった。

田野は、作為的に「思考」や「行動」を束縛し、個人の思考力や判断力が奪われる状態をつくりだした。これも、マインド・コントロールだと私は考える。

このマインド・コントロールによって、「権力（者）」が国民を「ファシズムの世界」に移行させる危険性もあることは、歴史が証明しているが、それは本当に恐ろしいことだ。

たとえば、権力者が、マスメディアやSNSを通じて情報操作を行い、国民に「一体感」を生じさせ、そこにそぐわない人間を「排斥」させるようなことが、すでに起きていないだろうか。二〇二〇年九月の日本学術会議推薦会員への政府による任命拒否といった権力介入を見ても、「一体感」を容易に作り出すことができるとわかる。

あるいは、学問の自由や民主主義を破壊して、多様な価値観を否定することも、「一体感」の素地となるだろう。今、そこに特定の新宗教が絡もうとしていないだろうか。

権力が作り出す「一体感」というと少し遠い話に思われるかもしれないが、日本の学校での「制服」問題にも共通するものがあるはずだ。

田野の授業において、学生たちが白いワイシャツにジーパンという決められた服装にすぐに馴染んだのは、高校生までに慣れ親しんだ制服の影響が大きかったのではないか。

現在は五〇代になった我が家の長女が、かつて公立中学校へ入学する時のことだった。入学説明会で、母親である私が「〝標準服〟ということは、それに準じた服装でもいいということですね」と質問すると、学校側から、「そうですね。学校生活に不自由でない服装なら」という回答があった。

そこで長女は、紺色のブレザーにスカートという、私の母が入学祝に贈ってくれた服装で通学を始めた。

するとある日、長女は上級生から校舎の裏に呼び出されて、「何でそんな服装をしているのか」と、詰問されたというのである。いくら自由であるといっても、皆が空気を読んで学校が定めた「標準服」を着て登校しており、長女は浮いてしまっていたということなのだろう。

長女は、

「服装の自由は法律で認められているのよ。文句があるなら、職員室へ行きましょう」

と言って、上級生たちを黙らせたという。このことは、長女の友人の母親から、私の耳に届いた。

しかしそれ以後、二女や三女は、私の友人たちから譲り受けた各中学の「標準服」のお下がりを着て通学することになった。

こうした、「みんな一緒」の強制というのは、「同調圧力」と言い換えることもできるだろう。

日本社会に蔓延する同調圧力については、鴻上尚史・佐藤直樹著『同調圧力――日本社会は、なぜ息苦しいのか』（二〇二〇年、講談社現代新書）で、二人の面白い対談がなされていた。

二人は、「日本は世界でもっとも同調圧力が強い国だった」と語る。

曰く、「日本には社会ではなく、「世間」しかない」とのことだ。

アメリカなどでは「法律」が物事の規範になるが、日本は「世間」が規範になる。すなわち、「法律」よりも「世間体」で物事の基準が判断される。だから、自分で判断するより、「世間のみんな」の判断が重要になる――「空気を読む」、「忖度」、「世間様」

などといった言葉が流行することからも、二人の議論には納得できる。

確かに、成人した子どもが罪を犯した際でも、その家族や両親が、まるで自分達も犯罪者であるかのような扱いを受け、当人たちも申し訳なさそうな顔をすることがよく見られる。それは、私が聞き取りを行ってきた地下鉄サリン事件の時の加害者家族の姿とも重なる。

日本には戦時中、国や軍部に従わない人間やその家族を「非国民」と呼んで、国民同士であっても糾弾・排斥しあった歴史がある。これも、日本国民が軍部や国の権力者に、ある種のマインド・コントロールを受けていた証左ではないか。

しかし、戦時下の日本については、飯田未希著『非国民な女たち――戦時下のパーマとモンペ』（二〇二〇年、中央公論新社）という書籍が興味深い。

一九三七年に日中戦争が始まって以来、戦時下の日本では、軍部によって総動員体制が敷かれ、髪型を含め、国民の「服装」が規制された。

頭髪については、「パーマは禁止」、服装については「モンペ」が推奨され、華美な服装は禁止された。

では、「実際」はどうだったのか、という部分を、この『非国民な女たち』は描く。

まず、「パーマネント」について。飯田によれば、国がどんなに「パーマ禁止」を叫んでも、女性たちは美容院でパーマをかけていたという。女性たちは、美容院でなくても、木炭で温めた器具を使って、家庭で髪をクルクルのパーマにしていた。紹介されている一九四一年の若い女性の写真を見ても、確かに半数以上がパーマネントスタイルである。

「パーマは、やめませう!」というポスターも紹介されているが、この時期、女性の服装は「和装」から「洋装」に移行していたということもあって、洋装に似合う髪型として「パーマ」が流行したのであろう。

また、動きやすいからと推奨された「モンペ」も、女性たちには不評だった。「恰好が悪い」というのがその理由で、工場での作業などには不向きでも、ヒダ(プリーツ)の入った「スカート」や「ワンピース」が好まれたのだとか。

私は、一九九五年から三年ほど軍需工場で働いた「女子挺身隊」を取材して、一九九五年に『女子挺身隊の記録』(新評論)を著しているが、そういえば、取材をした彼女たちがどのような服装をしていたかについては、取材をしなかった。

当時の各地の新聞には、確かに「パーマはやめませう!」「長い袂の着物は厳禁!」

と書かれたプラカードを持った、白い割烹着をまとった「国防婦人会」の女性たちの写真が掲載されていた。

国防婦人会とは、一九三二年に誕生した婦人団体で、出征兵士を見送るなど、軍の宣伝部隊を務め、白い割烹着に「国防婦人会」のタスキが目印だった。

たしかに、国防婦人会の女性たちが「華美な服装を止めましょう」と必死に訴えなくてはならないほど、多くの女性たちは、「モンペ姿」を拒否していたのかもしれない。

戦時下でも、多くの日本女性が「かっこ悪い標準服」ではなく、自分の思う「かっこいい服装」を貫いていたのだと思うと、現在の「忖度」社会は、権力側にとって「都合のいい」社会なのかもしれないとあらためて思う。

「同じ服装」をきっかけにファシズムが生まれるのだとしたら、現在の作られた「流行」もまた、私たちをマインド・コントロールしているのかもしれない。

第三章　新宗教と子どもと女性

子ども虐待

前章でも述べたが、私は一九九八年、シンガポールで開かれた「家庭暴力世界会議」に参加して、その後、一九九九年に『高齢者虐待』（新評論）を、二〇〇〇年に『子ども虐待――虐待の連鎖を断ち切るために』（新評論）を著している。

「家庭暴力世界会議」の主要なテーマは、「子どもの頃に虐待を受けて育つと、成人後に配偶者等へのＤＶ加害者となる可能性が高い」「高齢者虐待もその延長にある」ため、こうした虐待の連鎖を断ち切ることが重要であるという内容だった。

当時の日本は、まだ家庭内暴力についての法律が未整備で、欧米だけではなく、アジア諸国からも、その遅れを指摘されていた。

日本ではその後、二〇〇〇年にようやく「児童虐待防止法」が施行（二〇一九年に最終改正）された。これは、児童の家庭内における基本的人権の侵害を防止するものだ。

それまでの日本は、「法は家庭に入らず」を基本としていたため、これは画期的なこととして受け止められた。

現在、「児童虐待」は、一般的に次のように定義されている。

【身体的暴力】殴る、蹴る、叩く、投げ落とす、激しく揺さぶる、やけどを負わせる、おぼれさせるなど。

【性的虐待】子どもへの性的行為、性的行為を見せる、ポルノグラフィティの被写体にするなど。

【ネグレクト】家に閉じ込める、食事を与えない、ひどく不潔にする、自動車の中に放置する、重い病気になっても病院へ連れて行かないなど。

【心理的虐待】言葉による脅し、無視、きょうだい間での差別的扱い、子どもの目の前で家族に対して暴力をふるうなど。

この数年の間、児童相談所による児童虐待の対応件数は継続して増加している。二〇二〇年春からの新型コロナウイルスの感染拡大を背景に、保護者の在宅時間が増加したことで、専門家の間では虐待件数のさらなる増加が予想され、それは現実となった。

厚労省発表の数字では、二〇二〇年の一月から三月の児相による児童虐待の対応件数は、去年の同じ時期よりも一〇％以上増えているが、四月以降は減っている。これは、学校や幼稚園の休校や休園、あるいはコロナのせいでなかなか病院に行かなくなったことから、虐待が発見される機会そのものが減っていることを表しているのだろう。

私は末の娘を出産してすぐに、横浜市大経済学部の長田新教授に誘われて、「横浜こどもを守る会」の事務局長に就任した。以降、学童保育や「高校全入」など、子どもに関するすべての活動に関わり、事務局長として「こども相談」事業にも携わってきた。

また、映画好きな私は、「親子映画」（親と子どものよい映画を観る会）の運動にも関わり、現在も一般社団法人「日本コンテンツ審査センター」や「AV人権倫理機構」などで健全な映画の在り方を考えている。児童養護施設の第三者委員も二〇年近く務めており、「子どもの人権」は社会の皆で守るものだというのが、私の信じるところである。

そのように地域のなかで子どもと人権の問題に触れてきた私は、カルトと呼ばれる新宗教による子どもの人権侵害の問題にも多く出会ってきた。

児童虐待に対する世間の関心は高まりつつあるが、保護者の信仰による「宗教虐待」も児童虐待の項目に入るということを、ここで強調しておきたい。

本章ではまず、この「新宗教と児童虐待」の問題について追いたい。

私が関わってきた新宗教と児童虐待の事例の多くは、保護者（多くが母親）の入会に端を発している。

忘れられないのは、統一協会に関する、ある相談だ。二〇〇一年に『宗教と子どもたち』に寄稿した、「この子は、もういらない！」から、引用を交えつつ紹介したい。

一九九四年、私は一人の女性に会った。

「相談者の彼女は、一一月末の気温が低い日にもかかわらず、白いレーヨンのブラウスとスカートにソックスという服装だった。白いブラウスも紺のスカートも古びていて、リサイクル・ショップでも売っていないような代物だった。

化粧っ気のない顔は、三〇代半ばにしては精気がなく、ショートの髪も油っ気がなかった。白いソックスもうす汚れていて若々しさが感じられず、時々、貧乏ゆすりをする脚は年齢より老けて見えた」

「東北地方のある国立大学在学中に原理研究会にさそわれて入会」した彼女は、すぐに統一協会の信者となる。その後、合同結婚式に参加。三歳と二歳の子どもの母親となった。

その女性は、合同結婚式で出会った相手について、「自分の好きな男性のタイプではなかった」としながらも、「『本当の幸せは、間違いのない正しい結婚から始まります』という統一協会のパンフレット通りの生活を始めた」のだという。

ところがある日、女性は一冊の本に出会う。統一協会創立者の一人である朴正華による、『六マリアの悲劇』である。そこには、教祖・文鮮明が、「神と称する文鮮明が人妻を奪って財産を捲きあげたり」「〝復帰〟という名のセックスを多くの女性食口（しっく、信者のこと）とかわしたり」してきた等々の内部告発が綴られていた。

しかしこれを読んだ時点での彼女は、「一八歳の学生時代から今日まで統一協会の霊感商法などで働きに働きづめで身体はもうガタガタ」の状態であった。

霊感商法の他にも、「身体障がい者のために」「〇〇難民のために」「残留孤児のために」という名目で募金活動もしてきたという。統一協会側からは、「保険の勧誘員にでもなって、金を稼げ」と言われたこともあった。

当時の統一協会は、桜田淳子たちが合同結婚式に参加したことで、霊感商法の実態などがマスコミに叩かれ、信者たちは売上を伸ばすのに苦労していた。

本を読んだ彼女の気持ちは揺らいだ。

何より、「私の身体は、もうボロボロで、年寄り以上」と語った通り、心身が疲れ果てていた。統一協会信者の離婚は、役所に届けを出せば終わりというわけではないが、それでも「家を出て一人で生活したい」と考えたそうだ。

何より、「二人の子どもたちを見る彼女の母親としての視点が変わった」という。「二人の子どもたちは文鮮明の子で、私の子どもじゃない」と思うと、疎ましく思う気持ちが大きくなっていったのだ。

親の変化に敏感な二人の子どもは、不安から、それまで以上に母親にまとわりつくようになった。そうすると、〝文鮮明〟の子どもにまとわりつかれていると感じる母親は、ますます我が子を疎ましく思う。

二人の子どもたちは結局、九州の父方の実家に預けられることになった。

その日の彼女の相談というのは、「子どもたちが高熱を出して死にそうだから迎えに来て欲しいと電話があったが、どうしたらよいか」というものだった。

その女性は、子どもたちから離れ、ボロボロになった自分の心身を休ませて、今後のことを静かに考えたいと願っていた。

私は、児童相談所に行って、子どもを虐待しそうだから保護してほしいと頼むのがよいとアドバイスした。しかしそう話しながらも、カルト教団への怒りと、子どもたちを不憫に思う気持ちで、胸がいっぱいであった。

カルト教団のマインド・コントロールにかかってしまった親も被害者だが、何も知らずにこの世に生まれてきた子どもたちはもっと悲惨な被害者である。

ロックバンド「ＸＪＡＰＡＮ」のボーカル、ＴＯＳＨＩ（現、Ｔｏｓｈｌ・龍玄とし）がのめり込み、ＸＪＡＰＡＮ解散の原因にもなった自己啓発セミナー「ホームオブハート（ＨＯＨ）」を覚えておられるだろうか。

ホームオブハートはもともと、レムリアアイランドレコードという会社で、ヒーリングミュージック関係のビジネスを展開していた。ホームオブハートと社名を変えて以後、自己啓発セミナーを行うようになる。主催者は、ＭＡＳＡＹＡ（本名、倉渕透）。

Ｔｏｓｈｌは、『洗脳――地獄の12年からの生還』（二〇一四年、講談社）のなかで、彼が家族関係で悩んでいるときにホームオブハートに勧誘され、洗脳集団のなかで一二年間を過ごし、脱会後、代理人（弁護士）をつけて損害賠償を求めて裁判を起こすまでの日々を綴っている。

洗脳されたＴＯＳＨＩ（当時、以下略）は、ソロでＭＡＳＡＹＡ氏の楽曲を歌うようになっていたことでも知られる。

彼が受けた洗脳も、マインド・コントロールと同じ手法が使われている。

勧誘を受けたＴＯＳＨＩは、ホームオブハートの教団施設の地下にある薄暗いホールで、ＭＡＳＡＹＡの囁くような歌声を聞かされたことをきっかけに洗脳されていったという。

「薄暗い」、「地下」、「音」と、マインド・コントロールの条件がそろっていることがわかる。

その他、ホームオブハートが行った自己啓発セミナーは、一九七七年に日本で設立された自己啓発セミナー団体「ライフ・ダイナミックス」の手口を模倣していたとされる。

二〇二〇年一〇月二日付のハーバー・ビジネス・オンライン記事「ＴＯＳＨＩの『洗脳』で話題になったホームオブハートの今。ＴＯＳＨＩ脱会後も、名前を変えて活動」(https://hbol.jp/229504/3) より、そのセミナー内容を一部紹介する。

有名なものに、「フィードバック」という手法がある。受講生の発言等について、否定的な内容で受講生を罵倒する「ネガティブ・フィードバック」と、肯定的な内容で褒めちぎる「ポジティブ・フィードバック」を繰り返すのだ。

自分が他者からどう見られているかを見つめ直す、といった名目で行われるが、実際には数日間に及ぶ缶詰状態でのセミナーが、「つらかったが感動的な体験」として刷り込まれるという側面がある。

また、夜中の2時や3時にまで及ぶ個人電話で受講生の金銭感覚を罵倒し続ける「マネートレーニング」といわれるようなフィードバックも行われ、受講生たちは睡眠時間を削られながら、借金を奨励され続けた。

これら、「(気まぐれな) 罵倒と称賛の繰り返し」「睡眠時間を削る」なども、ここまでに紹介したマインド・コントロールの環境に当てはまっていることがわかるかと思う。

ホームオブハートについては、脱会した女性たち (多くが子連れで入会) から、「我が子を返してほしい」との相談が紀籐正樹弁護士に寄せられた。そこで、紀藤氏が栃木県の児童相談所に通報したところ、ホームオブハートは紀藤氏を名誉棄損で「逆訴訟」したという事件があった。

そこで、紀藤弁護士を支える「弁護士の会」と「市民の会」が結成され、私は「市民の会」の代表となった。

母親から離された子どもたちは、段ボールに入れられる、就学年齢の児童が学校に通わされていないなど、劣悪な環境のなかにいた。子どもたちは、大人たちがセミナーの中で怒鳴り合ったり泣き叫んだりしている側で放置され、あるいは一緒にセミナーを受けさせられていたという。なかには、当時すでに一六歳にもなる少女もいて、彼女は裁判後もそのままホームオブハートに残った。

二〇一〇年にＴｏｓｈｌが脱会した後、裁判は和解が成立。メディアでの目立った報道はなくなったが、ホームオブハートは関西に拠点を移し、ＭＡＳＡＹＡはＭＡＲＴＨと芸名を改めて、現在もセミナーや健康グッズ販売、ヒーリング音楽販売、リゾート会員権販売などを続けている。

親のカルト集団への入会で、子どもが満足な生活を得られない環境におかれた本件も、まさにカルト集団による児童虐待の事例であった。

こうした、カルト的新宗教による児童虐待についてのホームオブハート以外の訴訟も起こされている。生後間もない頃から母親と一緒にカルト教団で育った小学六年生（当時）の男児が、元牧師からの「暴力被害」を訴えた裁判に参加したこともある。判決では、「悪魔や地獄の存在を強調するなどして牧師を絶対視させ、信者を従属的立場に置いていた」として「損害賠償」が認められた（二〇〇七年三月）。

また、二〇〇六年の京都地方裁判所でも、成人女性二名を含む少女ら七人が、元牧師の男性から性的暴行（強姦罪など）を受けたとする訴訟で、協会と元牧師に慰謝料など合計五八三〇万円の支払いが命じられた例もある。

「子どもと新宗教」といえば、子ども連れで「聖書のお勉強をしませんか」と戸別訪問を行う「ものみの塔」が有名かもしれない。

ものみの塔の正式名称は「ものみの塔聖書冊子協会」で、その信者は「エホバの証人」と呼ばれる。

ものみの塔は、一八七〇年初めにアメリカピッツパーグの商人、チャールズ・T・ラッセルを中心とする聖書研究グループが、キリスト教の一派に発展したものといわれる。「エホバ」を唯一の神としてあがめ、聖書に書かれたことを「神エホバの言葉」として、一字一句生活のなかで実践することを信条としている。

公益財団法人宗教情報リサーチセンターによると、ものみの塔の日本国内信者は二一万六四七二人とのこと（二〇一四年最終更新）。

ものみの塔信者は、機関誌『ものみの塔』や姉妹誌である『目覚めよ！』の配布活動を、公共への奉仕だと考えており、公共の場所で人々に近づいて配布することもある。これはすべて無料で配布され、読み物としてバスターミナルやコインランドリー等、公共の場所に置かれていることもある。

一九八八年、『主婦を魅する新宗教』の取材の際、私は三か月ほど、地域でのものみの塔日本支部の集会に参加したことがある。当時、ものみの塔の信者活動である「冊子の販売」に時間を取られて、夫婦間での摩擦も多く、それを背景にした殺人事件も起きていた（一九八六年、横浜市）ことから興味を持った。

地域の集会は「王国会館」と称される集会場で行われ、日本支部の集会は神奈川県海老名市で行われていた。

私がこれまでに取材した他の新宗教と比べて中流階級と思われる家庭の主婦の信者が多く、また、夫と思われる男性信者も背広姿で参加している様子も珍しく感じた。

女性信者たちに話を聞くと、子育ても一段落して、「聖書の勉強がしたい」「お仲間が欲しい」ことを理由に入会したと話していた。

ものみの塔といえば、二世（信者の子ども）への「輸血拒否」も大きな問題として世間を騒がせた。

ものみの塔では、「神から与えられた身体に不純物（他人の血液）を入れてはいけない」という教えがある。聖書に「血を食べてはならない」という記述があることから、聖書の言葉を忠実に実践することを信条とするエホバの証人たちは、輸血を拒否するのである。

私が取材していた八〇年代当時も、小学校五年生の二世の少年が、

「僕は、輸血を受けない。千年王国に行けないから」

と話してくれたことを覚えている。

「千年王国」とは、ものみの塔信者が、信者だけが行くことができると信じている「天国」のことである。

まだ自己判断もできない未成年の子どもが、自身の生死を分ける「輸血」の是非について、保護者の信仰によって決定していることに驚いたものだ。

当時の「輸血」に関する事件では、「聖マリアンナ医科大学事件」などがあった。

一九八五年六月六日、川崎市で自転車に乗っていた一〇歳の男児が、ダンプカーに接触して大けがを負った。救急搬送先の聖マリアンナ医科大学病院では手術が予定されたが、輸血準備中にかけつけたものみの塔信者である両親が、息子への輸血を拒否した。病院側は両親に対し説得を続けたが、他の信者もかけつけるなか両親の意向は変わらず、男児は約五時間後に出血多量で死亡したという事件だ。

両親は輸血を拒否する際に、「今回、私達の息子が、たとえ死に至ることがあっても輸血無しで万全の治療をして下さるよう切にお願いします。輸血は聖書にのっとって受けることは出来ません」などと記した決意書を病院に提出したという。

当時の報道によれば、医師が、まだ意識のあった患児に対して「生きたいだろう」と声をかけたところ、男児も「死にたくない、生きたい」と父親に訴えたが、父は「聖書にある復活を信じているので輸血には応じられない」として輸血を拒み通したという。

この「輸血」をめぐる問題は欧米でも起きていて、英国で裁判にもなった事件を題材にした小説、イアン・マキューアン著『未成年』（二〇一五年、村松潔訳、新潮社）も出版されている。

現在は、患者の自己決定権（インフォームド・コンセント）といった概念が社会的に認知されるようになり、医療の発展からも、輸血が人の生死を分ける唯一の選択肢ではなくなってきている。

ただ、子どもの生死に関わる問題を親の宗教上の理由から左右することの是非については、何も解決されていないだろう。

ものみの塔による子ども虐待といえば、子どもの躾に「ムチ」を使用していることなど、あまり知られていないだろう。

「ゴムホース」や「ベルト」などで、子どものお尻を打つのである。家の外に聞こえないように、多くは風呂場やトイレの中で行われているという。

また、教育についても、ものみの塔では、義務教育をはじめ、子どもが一般的な教育を受けることを軽視する傾向がある。誕生会、クリスマス、七夕、ひなまつり、節分、正月、祭り、国歌・校歌斉唱、クラス委員を決める選挙、格闘技など、「競争」が関係するような行事に、子どもを参加させないことがあるという。

二世の子どもたちは、親に従わない場合には体罰を受けるため、あるいはハルマゲドンで滅ぼされるという恐怖を植え付けられているため、教義を忠実に守らざるを得ない。親の信仰に忠実に従うことに納得できない二世の子どもたちは、精神的葛藤に苦しみつづけ、精神のバランスをこわして成人してもも苦しみつづける例が少なくない。

いしいさや著『よく宗教勧誘に来る人の家に生まれた子の話』（二〇一七年、講談社）は、ものみの塔の信者の家に育つ子どもの日常描いている。私が取材した脱会者の主婦の方は、いしいの著書について「本当にこの通りです」と言っていた。

たまたまものみの塔信者の家庭に生まれただけで、他の子どもたちとの「共通体験」から疎外されることは、その後の人生に大きな影響を与えるだろう。

また、ものみの塔では、信者同士に固い「上下関係」があり、下部の信者は上部に絶対服従することが定められている。信者たちは一日のほとんどの時間を、厳しい上下関係のなかにある兄弟・姉妹（他の信者）との「伝道時間」や「聖書を学ぶ時間」を過ごすことに取られている。新聞やテレビを見る時間がない狭い環境に置かれていることから、「自分たちが束縛されている」と考えることもない。

私も、これらの話をとある集会で聞いた時には驚いた。子どもたちが、信者である親の笑顔を見たいために模範的な信者として振る舞ったり、あるいは「楽園に行きたい」、「ハルマゲドンで滅ぼされたくない」からと熱心に宗教活動にいそしんだりすることは、明らかに児童虐待である。

女性の生き方と新宗教

「男尊女卑」の思想が蔓延《はびこ》っているのは、新宗教だけの問題ではないことを、最初に述べておく。

例えば、仏教には「変成男子《へんせいなんし》」という教えがある。これは、女性は、女性のままでは仏や菩薩になることは難しいため、一度「男性に成ってから」でなければ成仏できないとする教えである。

あるいはキリスト教においても、「女子は、男子のあばら骨からできた」という旧約聖書の教えから、「女子」は「男子」の下位にあるという教義もあり、これはものみの塔など、キリスト教から派生した新宗教でも信仰される教えになっている。

日本における新宗教に着目すると、明治以降に誕生した新宗教は、天皇制を維持するために作られた明治憲法（一八九〇年施行）や明治民法の影響を受けていると思われる。

明治民法は、江戸時代の武士階級（人口の約九パーセント）の風習である「長子相続」などの「家族制度」が法制化されたものであると言われる。結果、庶民の風習であった「末子相続」や「姐家督」なども廃止された。また、かつては女性天皇が存在した天皇家も、「皇室典範」によって男子天皇のみとなり、これは現在も続いている。

アジア太平洋戦争敗戦後の一九四六年にできた日本国憲法に基づく日本国民法では、この家族制度は廃止され、「男女平等」が定められたが、戦後の経済成長のなか、外で働く男性を女性が家庭で支える構造が常態化し、結局は旧態依然とした性別役割分業の風習が、現在も深く根付いている。

こうした前提をもとに、本書に登場するそれぞれの新宗教の女性観を、簡単に紹介したい。

統一協会や摂理による女性信者への性的暴行についてはすでに触れた。それだけで十分であるが、家庭連合の公式ホームページに、「男女は根本的に違う」としてこんなコラムが書かれていることも紹介する。

「夫婦の会話で、夫が妻に理論性や簡潔な話を求めると、妻はさらに感情的になり、話がもっと支離滅裂になって長くなったりします」

「女性から男性を見ると、結論や要点だけの話が多く、味気ないと感じ、男性が女性を見ると理論性もなく話し続けるので、回りくどいと感じます」

第四章で取り上げる「幸福の科学」については、教祖である大川隆法の著作（幸福の科学では、大川の言葉はすべて神の言葉ということになっている）、『女性らしさの成功社会学』（二〇一四年、幸福の科学出版）から、いくつか言葉を引用してみたい。

「結局、男を成長させるというか、運気が向上する軌道に乗せるタイプの女性というのは、やはり、「母性のあるタイプ」です」（四〇頁）

「母性とは母親の性質ですから、「普通は、男性から見て競争関係にはない立場にある女性であり（今の高学歴女性は競争関係にあるかもしれませんが）、男性がある程度やんちゃなことをしても許してくれて、大きな目で見て包み込んでくれるような女性が、男性を成功させやすい」ということです」（四一頁）

「「男というのは、永遠に大人になれない面を持っているものだ」と思って、それを受け入れられる器が大事なのです」（四三頁）

「男がいろいろと悪さをしても、カッと怒ったり、嫉妬したり、八つ当たりしたりするようなことがあまりない我慢強さが、けっこう「徳」のうちになるわけです」（五八

頁）

「夫が、奥さんの腹の内を一生懸命に探り、そういうことで神経をすり減らさなければいけないようであったら、夫はあまり出世しないということです」（五九頁）

「気が強くて、男っぽいところがある女性でも、それを母性のほうに上手に転化した場合は、男を立てることが可能だということです」（六一頁）

「今は、男性的勉強や職業訓練等をして成功することだけが流行になっていこうとする傾向がやや出てきていて、「とにかく、男のまねをすればよい。優秀な男のまねさえすれば成功する」という方向で、女性の社会進出、あるいは社会的な自己実現を支えるというような風潮になってきている」（八一頁）

なお、幸福の科学による大川隆法のプロフィールでは、「世界貿易センタービル40階の事務所にてアメリカ人の女性秘書を部下に、国際金融の仕事に従事」と、「アメリカ人の女性秘書」を従えていたことがわざわざ強調してあるようにも読める。

こちらも第四章で取り上げる「創価学会」は、女性信者に向けた八矢弓子編『御書に学ぶ女性の生き方』（一九八五年、聖教新聞社）の中で、家庭内における「妻の役割」

として、「夫を立て、夫を守れる」ことを挙げ、次のように述べている。
「夫にとって、妻は大地のようなものである。その盤石は安定感、汲んでも汲んでも尽きない豊かさ、それでいて微妙に変化する敏感さ、そこに男は心のやすらぎを求める。心身の疲れをいやし、明日への活力を養う」（一一三頁）

現在の創価学会のページには、ジェンダー平等の意識啓発などについても触れられている。二〇一九年には、創価学会女性平和文化会議が「SDGsとジェンダー平等に関するアンケート」も行っているなど、かつてのジェンダー観がどれだけ適用されているのかはわからない。

ものみの塔では、先述の「女は男のあばら骨からつくられた」という、いわゆる「すべての男の頭はキリストであり、女の頭は男であり、キリストの頭は神である」（コリント第一11・3）という教義のもと、女性信者は「一般信者」にしかなれない。

こうした、新宗教と女性をめぐる問題は、果たして「個人の生き方」の選択として容認できるのだろうか。

龍谷大学准教授の猪瀬優理は、「宗教集団における「ジェンダー」の再生産」（二〇〇〇年）において、創価学会への入信理由の男女差を比較し、経済的問題や身体的問題（病気）による入信は男女とも同程度であるが、家庭的問題を契機とする入信は女性の方が圧倒的に多いことを指摘している。

現在、コロナ禍における女性と家庭をめぐる状況は、悪化の一途を辿っている。問題は、ひとり親家庭の貧困と、家庭内ＤＶに大別できるだろう。

女性のひとり親家庭をめぐる厳しい状況は、新型コロナウイルスの流行以前から続いている。厚生労働省による「国民生活基礎調査（二〇一六年）」によると、母子世帯のうち、三七・六％が、年間所得「二〇〇万円未満」である。

同じ調査によると、ひとり親家庭の女性には非正規雇用者が多い。離婚が原因でシングルマザーになる場合の平均年齢は、三三・八歳、育てている子どもの末っ子の平均年齢は四・四歳。小学校入学前の子どもを抱えての離婚となると、シングルマザーとなった女性は必然的に子育てに充てる時間が必要となるため、正規雇用の仕事にも就きづらい状況が生まれてしまう。離婚前、出産を機に退職し専業主婦やパートタイマーなどをしていた人も多い。

二〇二〇年一〇月二日付の日本経済新聞によると、コロナ関連の解雇・雇い止めは九月二三日時点で六万人を超えたという（厚労省発表）。特に、飲食や宿泊業はパートやアルバイトの比率が高く、従業員の削減が加速している。こうした現場を支えてきたのは非正規雇用労働者であり、また、今回のコロナ禍のような状況下において真っ先に首を切られるのも非正規雇用労働者である。同記事によれば、非正規の雇用者数は、六か月連続で前年を下回っているという。

家庭内ＤＶについても深刻だ。

二〇二〇年一〇月九日付の東京新聞によると、政府や地方自治体の相談窓口に寄せられたドメスティック・バイオレンス（ＤＶ）の二〇二〇年度五、六月の相談件数は、前年同月比でそれぞれ約一・六倍に増えていたという。七、八月も前年同月と比べて一・四倍の一万六〇〇〇件程度と、増加傾向が続いている。

こうした状況が、カルト的な新宗教に付け入る隙を与えないことを願う。

第四章　新宗教と政治家

新宗教と政治家

宗教と政治の関係は、憲法でも謳われているように、「政教分離」が原則である。だが、多くの政治家が、宗教団体の信者たちの「票」と「金」を目当てに群がっているのが現実である。

一九八七年、私が統一地方選に無所属で立候補して、見事落選した時のことだった。選挙後、フリーライターとして『主婦を魅する新宗教』をまとめるべく取材をするなかで、地域のある新宗教団体に取材のために出向いたところ、

「選挙が終わってから来たのは、あなただけですよ。他に立候補された皆さんは、選挙の前からいらっしゃいましたよ」

と言われて驚いた経験がある。

私以外の立候補者といえば、自民党から共産党まで様々である。

「中には、ご家族で信者になって下さった方もいらっしゃいましたよ」

とまで言われた。

確かに、政治家にとって宗教団体の「票」は魅力だろうと思いながら、私は「政治家と新宗教」というテーマに興味を持つようになったのである。

宗教団体の側にとっては、どのようなメリットがあるのだろうか。

率直に尋ねたところ、

「たとえば、信者さんが多く集まるような時など、懇意にしている政治家の先生に、〇〇の集まりがあり、ご近所に迷惑をかけることもあるので」とお電話しておくと、当日には交通整理などに警察官などをよこして下さいます」

なるほど。

宗教団体は、政治家に「票」と「金」を提供する代わりに、何か「困りごと」があれば、政治権力を借りることができるというわけだ。こうして、「持ちつ持たれつ」の関係が発生する。

当時見聞きしたそうした関係は、二〇二〇年の現在も続いているのだろうか。

さっそく、私が住む地域の元地方議員にも尋ねてみた。

「そりゃあね。票を集めるためには、選挙区にある新興宗教だろうが、旧宗教であろうが、尋ねて行きますよ。その宗教団体の趣旨や教えが何であっても、一票にでもなれば、ってね」

地域共同体や労働組合などの力も弱くなっているなか、そうした組織票が得られるというのは大きな魅力なのだろう。

また、宗教団体にしてみれば、特定の政党や政治家とつながることで、社会的評価や信頼を高めることもできるし、それは信者の獲得や結束にもつながるということだろう。

もちろんその逆、宗教団体が「政治団体」を持って、政治の場に進出していくことも考えられる。

たとえば「創価学会」の政治団体とも言える公明党は、自民党と連立を組んで、いまや、自民党は公明党の票なしには与党ではいられないと言われている。

創価学会と公明党

公明党が創価学会の政治団体であることは、もはや誰も否定しないだろう。

私の周囲でも、

「選挙前になると、創価学会の信者から公明党議員の名前を挙げて、お願いね！ と必ず電話があるのよね」

といった声をよく聞く。

創価学会は、一九五二年に宗教法人の認証を得た、「日蓮正宗」から生まれた新宗教である。

創価学会のホームページによると、一九三〇年創立となっているが、これは教育者育成団体「創価教育学会」の設立年である。創立者は牧口常三郎（一八七一年～一九四四年）と戸田城聖（一九〇〇年～一九五八年）。

創価教育学会は、一九四五年に名称を創価学会に変更している。

創価学会は、一九五一年に大規模な勧誘活動、折伏《しゃくぶく》大行進を行うことで、大量に信者を獲得し、大躍進を遂げている。

この創価学会の「折伏」について、島薗進著『新宗教を問う――近代日本人と救いの信仰』（二〇二〇年、筑摩書房）を参考に簡単に説明する。

創価学会の「折伏」は、「相手を論破しつつ説き伏せ、相手を信仰に引き入れようとすること」だ。日蓮宗は、いちばん尊いものとそうでないものを区別し、いちばん尊いものだけを尊ぶことが重要だと考える。そうした排他的な日蓮宗の中でもさらに排他主義の色が濃いのが日蓮正宗である。そこに、牧口や戸田による「価値論」が加わったことで、創価学会はさらに排他主義の性格を強めた。

五〇年代から六〇年代、創価学会のメンバーは、他宗派の人々、無宗教の人々に好んで論争をしかけ、攻撃的な「折伏」による布教を続け、驚異的な速度で教勢を伸ばしていった。

この「折伏」だが、先述の長松日扇が開いた本門佛立宗でも、同じ「折伏」が行われている。こちらは、庶民の生活上での身近な悩みである「貧・病・争」を、「南無妙法蓮華経」をリズミカルに唱えることで解決するやり方である。

なお、創価学会が大躍進をした頃、本門佛立宗の方は信者が減少している。

その後、同じく日蓮系・法華系の新宗教である「立正佼成会」が「都会のおかみさん宗教」と呼ばれるのに対して、創価学会は「大阪のホステス宗教」と呼ばれた通り、生活苦にある底辺層の女性をターゲットに布教を続け、信者を拡大していった。

現在の名誉会長は、公明党を設立した池田大作。週刊誌などでは、前歴として千葉県で靴の行商をしていたと書かれることもある。

同ホームページによると、現在の信者世帯数は八二七万世帯。機関紙である『聖教新聞』は有名だろう。

創価学会が政治団体公明党を誕生させたのは一九六四年。自民党と連立を組んだのは、一九九九年。その後、民主党政権時代の三年三か月間を除いて、二〇二一年の今日まで続いている。

この自民党との協力関係の背後には、小選挙区制導入の結果、地方選挙に弱くなり始めた自民党が、全国に信者を持つ創価学会の票を必要としたことになる。

公明党の議席は、二〇一三年の特定秘密保護法や二〇一四年の集団的自衛権の行使容認、二〇一五年の安全保障関連法、二〇一八年の「共謀罪」法など、自民党による数々の法制度成立に大きな力を発揮してきた。

自民党政治の存続に力を貸していると言っていいだろう。公明党がいくら「平和の党」と謳っていても、これでは権力を持つ与党にすり寄っていると見られても仕方がないだろう。

この自公連立体制を強固にした、ある「事件」がある。

「言論妨害事件」である。

一九六九年、政治学者の藤原弘達が『創価学会を斬る』（日新報道）を出版しようとしたところ、その広告が出たあとすぐに、公明党中央幹部の藤原行正や『聖教新聞』主幹（当時）の秋谷栄之助などが、その出版を妨害した事件である。

そうした妨害に対する世論の反発は大きかったが、田中角栄（当時自民党幹事長）と佐藤栄作（当時首相）がかばい切った。創価学会の会長・池田大作を国会喚問に引きずり出すことを阻止したともいえる。

なお、『創価学会を斬る』については、田中角栄から二度にわたって出版の中止や書き直しを求められたにも拘わらず、藤原は断固出版に踏み切った。

自公の間では、この時以来「協力関係」が出来上がったとされる事件である。

公明党はこの事件から現在に至るまで、特に小選挙区選挙において、候補者名には自民党候補を、政党名には「公明党」と書くといった、いわゆる選挙協力をするようになった。

一方、政治評論家の森田実によれば、創価学会も一世が高齢化し、二世、三世には一世のような集票が期待されないという。今後、日本政治のあり方が大きく変わっていくことは免れないだろう。

それでも、二〇二〇年九月一七日に総理になった菅義偉も、「小選挙区では、確実に議席を取って行きたい」と語り、公明党の山口代表と同じ秋田出身だということを強調して、「連立」の継続に躍起になっているように見える。

自民党が、公明党との「連立」なくして与党の地位が危ういことは事実だろう。右傾化する日本社会を公明党が支えていることも、間違いない事実である。

幸福の科学と幸福実現党

幸福の科学といえば、私にとって忘れられないことがある。『新興宗教ブームと女性』を出版した時のことだ。

統一協会をはじめ、いくつかの宗教団体から出版社へ電話が入ったと聞かされたが、私の自宅にまで、通告状の巻紙（！）を送ってきたのは、幸福の科学だけであった。

通告状自体は、仕事場を移す時に紛失してしまっているが、内容はしっかり覚えている。当時は読みながら笑いそうになった。

それは、教祖である大川隆法を呼び捨てに書いたことに対する抗議であった。抗議の理由は、「大川隆法大師は、霊界においては釈迦やキリストよりも上位におられる」というものだった。

この幸福の科学からの通告状は、同じものが出版社にも送られていた。

出版社の社長は、会社の顧問弁護士に「返答書」を書いてもらうと言って、「一緒に弁護士事務所に行きませんか」と誘われたので、同道した。

幸福の科学からの「通告状」には、東大卒の弁護士の名前が五名分連記されていた。

顧問弁護士の方は、大川隆法も東大の法学部卒だから、おそらく仲間に頼んだのだろうと言われた。

「返答書には、「再版の折には、大川隆法大師と記述する」と書いておくから安心して」

と言われた。

出版社の社長は、

「こういう巻紙がくるということは、いのうえさんの本が読まれているということだから、この本は売れますよ」

と笑って言われた。

宗教と言論に揉め事はつきものだが、ちょうどこの頃、一九九一年の「講談社フライデー事件」は、言論界に大きな影響を与えたといえるかもしれない。

一九九一年九月、講談社の週刊誌『フライデー』に、幸福の科学について批判的な記事が出たことに対し、幸福の科学の信者である小説家の景山民夫とタレントの小川知子が先頭に立って講談社にデモをしかけた。

その後、景山民夫を代表として、合計三〇〇〇名近くの会員が、全国七か所の裁判所において、「宗教上の人格権（宗教的人格権）」侵害を根拠として掲げて次々に提訴した事件である。

最終的に複数の記事の一部に違法性が認められたが、幸福の科学会員の抗議行動についても大川隆法および幸福の科学の指示による業務妨害行為が認められた。

幸福の科学会員による講談社への攻撃は、約五万五〇〇〇通（重量約二四〇キログラム）ものファックス、数百名の会員による社屋の一部を占拠しての拡声器を使ったシュプレヒコール、構内に出入りする講談社従業員や関係者の顔写真の撮影、デモ、講談社役員および従業員宅への手紙などがあった。

言論に自由があるとはいえ、この「講談社フライデー事件」が、宗教団体への批判に一定の躊躇を与えるようになったのは確かだろう。

幸福の科学は、教祖である大川隆法（一九五六年〜）が脱サラして、一九八六年に創設した。

宗教法人として認められたのは、一九九一年である。

大川は、一九八一年に東京大学法学部を卒業。総合商社トーメン（現、豊田通商）に在職の傍ら、キリストや孔子などの歴史上の偉人・宗教家などが大川の口を通じて語る（＝チャネリング）といった主張のもと、書籍の執筆を開始。商社退社後、大川は短期間に多数の執筆を行い、書籍出版活動を活発に行った。これらの書籍が書店を通して日本各地に流通することで信者を増やしたとされる。

幸福の科学の信者は、当初「会員制」であった。幸福の科学の書籍を一〇冊以上読み、願書に読書感想等を記入するといった「入会願書」の審査を経た人を「正会員」とし、とくに審査を経なくてもなれるのが、「誌友会員」とされた。正会員試験の合格率は四割程度であったという。

一九九一年、大川の生誕祭において、大川は自身が「エル・カンターレ」であると宣言した。幸福の科学におけるエル・カンターレとは、キリストにとっての「わが父」、ムハンマドにとっての「アッラー」などと同義の存在で、大川隆法はその「地球神」の「本体意識」であるという。

エル・カンターレという名前は、本体意識である大川によって初めて明かされたものであり、その教えを説くことができるのも、大川ただ一人であるとされる。キリストやムハンマドもその啓示を受けてはいたが、神の言葉の受信には限界があったということだ。ちなみに、エル・カンターレは過去にも二度降臨しており、大川は「再臨」ということになるらしい。

幸福の科学によれば、現代は神（＝大川隆法）が再臨している奇跡の時代ということになる。

私が取材を始めた一九九二年は、ちょうど大川隆法がエル・カンターレ宣言をした頃ということになる。

当時、前述の「会員制」はなくなっていて、幸福の科学の書籍を四冊以上購入して読めば、誰もが入会できることになっていた。

この、「正会員」試験廃止の理由を会員に尋ねたところ、

「書籍を一〇冊以上読んで感想文を書くことを課してしまうと、高齢化社会では入会する人がいなくなるからですよ」

と言われた。

それでも、四冊以上購入して読むことが条件になっているのである。幸福の科学は、なぜ書物にこだわるのだろうか。

実は、この幸福の科学には、「出版宗教」と呼ばれた「生長の家」から生まれたという背景がある。

大川の父親は、熱心な生長の家信者で、大川もその影響を受けて育っている。

生長の家については後述するが、これは、創祖の谷口雅春が、大本教にいた経験を生かして出版という手段を使って布教したことから、「出版宗教」と呼ばれる新宗教である。

幸福の科学の教義も、生長の家の教えである「光明思想」を現代語訳している部分が多い。違う点は、幸福の科学の方は、「霊界思想」を取り入れて、大川が釈迦やキリス

トよりも霊界では上位に位置するとしていることだろうか。

近年では、大川の長男、宏洋氏による著書『幸福の科学との決別——私の父は大川隆法だった』（二〇二〇年、文藝春秋）に対する反響も大きい。

ここでは、信者による「お布施」が、隆法が「世界に一つしかない」と自慢する超高額な腕時計の他、女性幹部の高い給料やアクセサリーに化けていることや、大川が身に付ける時計やスーツ、宝石がちりばめられた袈裟は基本的に一度しか着用されないことなどが明かされている（七頁）。

また、幸福の科学は、お布施や各種祈願の代金、付帯事業への寄付金、本の売上や映画の興業収入などで二〇一一年頃をピークに潤沢な資金があったとされるが、信者の高齢化によって財政が悪化していることが明かされている。それにもかかわらず、政治活動への投資は増えていることから、「二〇一七年度は数百億単位の赤字であった」（三八頁）とのことだ。

幸福の科学といえば大川隆法の著書がベストセラーになる、という触れ込みで知られるが、二〇一八年の年間ベストセラー第一〇位であった『信仰の法』は、出版取次会社のデータでは、売上冊数一万二〇九六冊に対して、購入者数は三二五人であったという。

つまり、一人が平均三七・二冊買っているということになる。最近では、各地の成人式会場の近くで大川の著書を配っていることもあるという（四〇頁）。

幸福の科学は現在、著者の宏洋氏に対して計一億一七六五万円の損害賠償請求を提訴しており、東京地裁で係争中である。

幸福の科学は、二〇〇九年、政治団体「幸福実現党」を「祭政一致」と称して結成している。

幸福実現党は、地方議会だけではなく、国会にも進出を目指していたが、二〇二〇年一〇月現在、国会への進出は「断念した」とされている。

それでは、幸福実現党の議員は地方議会にはどのくらい在籍しているのだろうか。

幸福実現党のホームページによると、二〇二〇年一〇月現在、三七名ということだ。うち、女性議員は二九名。女性の政治参加という点では大きな成果を挙げているといえる。同ページには、「新時代のやまとなでしこを応援します」とあるが、教祖である大川が指し示す「女性らしさ」については、先に述べた通りだ。

幸福実現党党首は、右翼団体日本会議の会員といわれている釈量子。

ホームページで公開されている「2019年5月 主要政策」(最新)を参考に、その政策について見てみたい。

特筆すべきは、冒頭の「外交・国防」だろうか。他には、「抜本的な見直し」を繰り返す「経済・財政」の項目や、「自助」を強調する「社会保障・福祉」、「原発再稼働・新増設の推進」を謳った「エネルギー」などが並び、「未来ビジョン」としてリニアの全国網計画と空飛ぶ車について述べられている。

「外交・国防」に注目すべき理由は、その内容が自民党や日本会議が掲げるものに限りなく近いからである。

「外交・国防」のページには、大きく「中国の覇権主義への備えを」と書かれており、一項目目には、「国民の生命・安全・財産を守るために早急に憲法9条を改正し、自衛隊を軍にあらためます」とある。

憲法九条の改正(「自主憲法」の制定)は、日本会議がその「国民運動」のなかで熱心に取り組んでいることで知られる。また、自民党が掲げる目標でもあり、特に、安倍元首相の悲願であったことは有名だ。

二〇一六年には、日本会議が主導して、地方議会での改憲を求める意見書採択が都府県議会で広がっていることが報じられた。多くは自民党単独による採択で、議会の慣例を破る強引な手法がとられていたとされるが、その背景に、幸福実現党議員もいたのかもしれない（二〇一六年二月七日付『しんぶん赤旗』）。

「外交・国防」の項目には、その他、「比較三原則を撤廃し、米国による核の持ち込みを可能とします」などの文言や、どのような武器を装備・開発していくかについての記載が並ぶ他、太平洋戦争を「大東亜戦争」「聖戦」として、河野談話を無効であると宣言する「大川談話——私案（安倍総理参考）」などの項目が並ぶ。

「草の根ネットワーク」を名乗る日本会議に関係する宗教団体は、幸福実現党だけではない。

菅野完著『日本会議の研究』（二〇一六年、扶桑社）によると、次のような内訳になっている。

【神道系】神社本庁、伊勢神社、靖国神社、明治神宮、岩津天満宮
【新派神道系】黒住教
【新教派系】オイスカインターナショナル、大和教団、崇教真光

【仏教系】天台宗、延暦寺、念法真教、佛所護念会教団（霊友会よりの分派）、霊友会、国住会、新生儒教教団
【キリスト教系】キリストの幕屋
【諸教】解脱会、モラロジー研究所、倫理研究所

さて、思わぬ本で幸福の科学の文字を発見した。

自衛隊出身の軍事ジャーナリストである小西誠による、『要塞化する琉球弧――怖るべきミサイル戦争の実験場！』（二〇一九年、社会批評社）である。

本書によると、石垣島で自衛隊のミサイル基地建設の計画が立ち上がった際、基地の予定地となったゴルフ場の持ち主が、幸福の科学信者であったということだ。当人は、石垣市の自民党市会議員でもあり、市民の多数の反対にもかかわらず、市議会で受け入れを強行した。

幸福実現党の政策を考えれば、その信者がミサイル基地をつくることに、賛成であることは理解できる。

なお、このゴルフ場の売買代金は情報開示されていない。

宗教団体というだけで、「平和を求めている」と考える人もいるかもしれないが、幸福の科学の政治団体である幸福実現党の政策が、平和とは程遠い「戦争準備を勧める」政策であることは、広く知られるべきだろう。

生長の家と日本会議

一九八八年に『主婦を魅する新宗教』を書いた際、「生長の家」に興味を持ったのは、出版物を布教の手段に使っていると知ったからだった。

創始者は、谷口雅春（一八九三～一九八五年）。

谷口は一九四〇年、月刊誌『生長の家』を発刊。新聞広告を使って信者を集めていった。谷口については、評論家の大宅壮一が、「昭和の三奇人」の一人に上げている。

教義は、「人は神の子である」という「光明思想」。生長の家公式ホームページによると、「「生長の家」とは「大宇宙」の別名であり、大宇宙の本体者（唯一絶対の神）の応現または化現のこと」であるという。そして、正しい宗教の本尊は、この唯一絶対なる神を別名で呼んでいるものであるとして、「いかなる名称の神仏も同様に尊んで礼拝する」とのことだ。また、生長の家では、本尊を現す像などは造らず、あらゆる宗教の本尊の奥にある「実相」(唯一の真理)を礼拝するため、『實相《じっそう》』と書いた書を掲げている、ともある。

生長の家は、戦前からの保守色の強い政治運動で知られる。かつて、村上正邦(元参議院議員)らを国会に送り込んだ、自民党の有力支持組織でもあった。

敗戦後、谷口は戦時中の戦争協力によって公職追放されたが、解除後はふたたび政治と関係を持った。

強固な反共思想の持ち主であった谷口は、六〇年代の学生運動の際には「明治憲法の復元」や「紀元節の復活」を訴えて、「生長の家学生会全国総連合(生学連)」を結成。右派の学生をリードする形で、鈴木邦男(現、一水会名誉顧問)や伊藤哲夫(現、日本会議常任理事)、椛島有三(現、日本会議事務総長)などを輩出した。

生長の家は、日本会議の誕生にも大きな力を発揮している。菅野完著『日本会議の研究』、俵義文著『日本会議の野望――極右組織が目論む「この国のかたち」』(二〇一八年、花伝社)、藤生明著『ドキュメント日本会議』(二〇一七年、筑摩書房)などを参考に、その背景を探ってみたい。

日本会議は、長崎大学における学生運動から誕生したといわれている。

なぜ、長崎大学なのか。

一九六〇年代以降、長崎大学には多くの生長の家信者が在学していたのである。

谷口が長崎の近海の海底に生長の家の「聖所」が存在していると説いたことから、長崎の地は生長の家信者にとって聖地となったのである。このことについては、新宗教を取材するなかで、私も生長の家信者に教えてもらった。

六〇年代、全国の大学でバリケードによるキャンパス封鎖が拡がるなか、生長の家信者からなる「生学連」は、長崎大学を「正常化する」ために、「長崎大学学生協議会」（議長は椛島有三）を結成した。これは九州の他大学にも広がり、一九六九年には、「生長の家学生会」「原理研」「日学同」などの民族派学生セクトによる「全国学生自治連絡協議会」が生まれた。

しかし、全共闘を代表とする左翼の学生運動が次第に勢力を失った後は、民族派の学生運動も力を失い、内ゲバに明け暮れるようになる。

そんななか、一九七〇年、生長の家信者である村上正邦が、「日本青年協議会」を結成した。会員の大半は生長の家信者である。

村上はその後、一九七四年に鎌倉円覚寺の貫主・朝比奈宗源が発起人となって設立した、宗教者と文化人の集まり、「日本を守る会」に入る。

一九七七年九月から、「日本を守る会」による、元号法の制定運動が開始される。この時実権を握っていたのが、同年に「日本を守る会」の事務局に入った「日本青年協議会」リーダー、椛島有三である。

椛島は、元号法の制定運動について、「各地でグループを作り、地方議会に法制化を求める決議をしてもらい、その力で法制化をせまろう」と提案したという。これは、現在の日本会議が憲法改正のために用いている手法と同じである。

「日本を守る会」は、それからわずか二年で法制化を勝ち取った。

そして、およそ二〇年後の一九九七年、「日本を守る会」と「日本青年協議会」が一体化して、日本会議が誕生した。

以上が、生長の家から日本会議が生まれた、とされる経緯である。

日本会議には、多くの与党議員が関わっていることでも知られる。

二〇一四年七月三一日付東京新聞の「こちら特捜部」から、「日本会議全国会議国会議員の主な役員」を紹介する。

【特別顧問】麻生太郎、安倍晋三
【顧問】谷垣禎一、石原慎太郎、亀井静香
【相談役】額賀福志郎、石破茂、山東明子、鴻池祥肇
【会長代行】中曽根弘文
【副会長】古屋圭司、森英介、小池百合子、下村博文、菅義偉、高市早苗、新藤義孝、渡辺周、松原仁、藤井孝男、中山成彬、松野頼久、西村眞吾、橋本聖子、山崎力
【幹事長】衛藤晟一
【政策審議会長】山谷えり子
【事務局長】鷹尾英一郎

なお、日本会議の公式ホームページによると、日本会議中央本部の役員は次のようになっている。

【名誉会長】三好達（元最高裁判所長官）
【顧問】石井公一郎（株式会社ブリヂストンサイクル元社長）、鷹司尚武（神社本庁統理）、小松揮世久（神宮大宮司）
【会長】田久保忠衛（杏林大学名誉教授）
【副会長】小堀桂一郎（東京大学名誉教授）、田中恆清（神社本庁総長）

以下、【代表委員】として、女性では志摩淑子（株式会社朝日写真ニュース社会長）、新宗教の関係では、板垣正（元参議院議員）、高橋伸彰（崇教真光管理局長）らが名前を連ねる。

板垣は一九五四年に開教した「新生仏教教団」の最高顧問、高橋は「世界救世教」から分派した「崇教真光」の理事長である。その他、青年商工会議所との関係が深い「倫理研究所」事務長である丸山敏秋、道徳教育を推進する「モラロジー研究所」理事長の廣池幹堂らが続く。その他、大学教授が多い印象だ。

まさに、「戦前の日本を目指す人々」の勢力結集！　と言える。

なお、二〇二〇年九月、安倍政権を継承して発足した菅内閣の閣僚二一名名中、以下の一三名が、日本会議に近しい人物であるといわれる。

麻生太郎（副総理、財務大臣金融担当大臣、デフレ脱却担当大臣）
武田良太（総務大臣）
萩生田光一（文部科学大臣、教育再生担当大臣）
田村憲久（厚生労働大臣）
野上浩太郎（農林水産大臣）
梶山弘志（経済産業大臣、産業競争力担当大臣、ロシア経済分野協力担当大臣、原子力経済被害担当大臣、内閣府特命担当大臣）
岸信夫（防衛大臣）
加藤勝信（内閣官房長官）
平沢勝栄（復興大臣）
坂本哲志（内閣府特命担当大臣）
西村康稔（経済再生担当大臣、全世代型社会保障改革担当大臣、新型コロナ対策担当

大臣、内閣府特命担当大臣）
橋本聖子（国務大臣女性活躍担当大臣、内閣府特命担当大臣）
井上信治（国務大臣、内閣府特命担当大臣）

日本会議に所属する女性団体「そよ風」は、関東大震災における朝鮮人虐殺について、その事実を否定して「朝鮮人が暴動を起こして、日本人を殺した」などとして、例年東京で開かれる慰霊祭の会場近くで、「日本人を貶める朝鮮人虐殺慰霊祭を止めろ！」などと主張する集会を開いていることで知られている。

また、全国で行われている在日コリアン等を誹謗する「ヘイトスピーチ」と日本会議との関連も疑われており、与党政治家がこのような組織に堂々と関与していることを見過ごすわけにはいかない。

さて、生長の家に話を戻そう。

一九八七年、私は生長の家の「朝の集まり」に参加したことがある。

場所は、東京の原宿の東郷神社近く。神道らしい祈祷が行われていたことを覚えている。

「朝の集まり」の後には、横浜の文化体育館で行われた、生長の家信者の大会を傍聴した。出版物を通して布教を行う生長の家信者は、知識階層にある男性が多いのではないかと想像していたが、会場には一見して普通の主婦が多く、驚いた。

会のなかで教祖から表彰を受けた五名も、全員女性だった。さらにそのうちの一人は、生活保護受給者であった。「生活保護を受けながらも生長の家に献金されたことは素晴らしい」というのが、彼女が表彰される理由だった。

生長の家の幅広さを実感した出来事となった。

二〇二〇年の現在、生長の家はどうなっているのだろうか。

一九八五年、生長の家創始者である谷口雅春が逝去した後、その弟子で、長女の配偶者であった谷口清超が総裁に就任した。そして、清超の没後、二〇〇九年には、その息子である谷口雅宣が現総裁に就任した。三代目ということになる。

生長の家のホームページを見ると、現在は、環境問題やエコロジーの実践に取り組んでいるようだ。

山梨県北杜市大泉町にある国際本部は、生長の家がＺＥＢ（ゼロ・エネルギー・ビル）と呼ぶ、「運用段階での年間のエネルギー消費量を省エネルギーによって極力削減し、太陽光発電やバイオマス発電による創エネルギーで、実質ゼロにする」建物を拠点としている。

生長の家は、日本において「最も積極的に環境問題に取り組んでいると目される宗教団体」とされることもあり、「エコロジーの実践を中心に据えた教団」と評価する研究者もいるほどだ。

右翼団体である日本会議の設立に深く関わっていた生長の家に、何があったのか。

生長の家が自民党と距離を置き始めたのは、初代谷口雅春が総長であった一九八三年頃からとされる。その理由には諸説あるが、生長の家による「堕胎や優生学への反対」を訴える大規模な運動を当時の自民党が握りつぶしたこと、あるいは谷口雅春初代総裁が、経済成長優先の自民党政権の政策に見直しを求めていたことなどが挙げられる。

そもそも生長の家は、「反共」の立場から親自民の立場を取っていた。自民党との政策上の理念が徐々に乖離したからか、谷口雅春は生長の家による「政治連合の活動停止」を決定した。

実は、一九九七年五月三〇日、ホテルニューオータニで開かれた、「日本を守る会」

と「青年協議会」が合併しての日本会議結成集会の際も、生長の家は参加していなかった。

現在の総裁谷口雅宣は、二〇一一年には「脱原発」を、二〇一六年には「自公不支持」を宣言したことで知られている。

生長の家ホームページには、「親しくしている宗教団体」として、創価学会と対立しているといわれる「立正佼成会」が挙げられている。自公不支持の背景にはその関係もあるのだろうか。

いずれにしても、生長の家と聞けば、右翼の宗教団体だと考える人も多いかもしれないが、その内実は変化しているようだ。

このような生長の家が、二〇二〇年一〇月一五日付の朝日新聞に出した意見広告は、大きな注目を浴びた。

意見広告の表題は、「真理探究への政治の介入に反対する——日本学術会議第25期推薦会員任命拒否に関する声明」というものだ。

この学術会議の推薦会員任命拒否には、私も白いジャケットの背中に「学問を守れ!」と、グリーンの絵の具で描いて、それを着て歩くことで抗議の意を示した。

　生長の家による意見広告の全文を見てみよう。

「今般、安倍元首相の政策を引き継ぐとして総理大臣となった菅義偉氏は、日本学術会議が推薦した新しい会員候補のうち6人の任命を拒否しました。拒否された6人は、刑事法学、憲法学、行政法学、政治学、歴史学、キリスト教学など、いずれも人文科学の領域で顕著な業績をもつ方々です。同会議の会員となるためには、「優れた研究又は業績がある科学者のうちから会員の候補者を選考し、内閣府令で定めるところにより、内閣総理大臣に推薦する」(日本学術会議法17条)ことになっています。

　自然科学の分野と異なり、人文科学の分野では、時代や社会を超えて「真理」として認められたものが数多くあるとは必ずしも言えません。しかし、だからこそ様々な立場の研究者が、自由な発想で多方面から研究を進め、議論を深めていくことで、より「真理に近い」研究成果を見出していく営みが不可欠です。そのような専門的な営みの中では、何が「優れている」かを門外漢が決めてはならないし、ましてや時の為政者の判断によって、研究者間の合意を反故にするような行為があってはなりません。

　生長の家は宗教ですが、真理を追究し、真理を現実世界にもたらすことで、人類と地球社会とを「より善なる方向」へ近づけるという目的では、科学と変わらないと考えます。

かつての宗教と政治が未分化の時代には、科学者が発見した真理が、宗教の教えと矛盾するという理由で、〝宗教政治〟によって真理が歪められたという苦い歴史を人類は共有しています。21世紀の今日でも、一部の国では、科学的真理を認めない政治家によって国政が歪められ、多くの国民が犠牲になるという残念な例が散見されます。また、科学的真理を認めない宗教があることも事実です。しかし、その中にあっても、20世紀に多くの悲惨な戦争から学んだはずの日本が、再び国権によって真理探究の動向を操作しようという誤った方向に進むとしたら、私たちは声を上げて反対せざるを得ません。今の時代、科学的真理の探究を操作しようとする政治が、宗教的真理の探究を尊重するなどということはあり得ないと考えるからです。

現代の議会制民主主義下の内閣総理大臣には、公序良俗を侵す危険がないにもかかわらず、宗教や学問の営みを自分の好みの方向に操作する権限は与えられていません。従って生長の家は、真理探究への為政者の介入に断乎反対します。

宗教法人　生長の家」

なお、二〇二一年一月現在、生長の家以外の宗教法人から、本件に対する抗議の声は聞こえて来ない。

生長の家による朝日新聞への意見広告は、週刊誌『サンデー毎日』（二〇二〇年一一月二九日号）でも取り上げられた。『サンデー毎日』の当該号表紙には、大きく「『生長の家』総裁、菅政権に異議あり」と書かれている。

記事は、「宗教団体生長の家が朝日新聞へ意見広告したワケ」「谷口雅宣総裁が独白」という見出しになっている。

谷口による「独白」の内容は意見広告とほとんど同じだが、記事の締めくくりで日本会議に触れられている部分が興味深い。

「日本会議は、私たち生長の家の運動に反対している人たちが作った組織ですから、我々は彼らを悪とは言いませんが、私たちとは違う信仰だと知ってほしい。どこが違うか。日本会議は、戦前の日本を肯定するんです。昔の制度に戻るのが正しいと言っています。極端な話、大日本帝国憲法の時代が良いと言っていています。

今の生長の家は「それは失敗であり、重大な犠牲を払いながら受けたレッスンだから、そこから学んで違う方向へ進むべきだ」というのが方針です」

現在の日本会議にも生長の家信者が多いと言われているなか、こうした三代目総裁の発言は、どう受け止められているのだろうか。

あとがき

新しい宗教、「新宗教」が多く誕生する時代は、社会の混乱期であると言っていいだろう。「先行きの見えない」時代に、多くの新宗教が生まれるとも言える。

第二章でも紹介した新宗教の元祖と言われる本門佛立宗も、江戸の末期、時代の混乱期に誕生した。

あるいは第一次世界大戦後、世界大不況からアジア太平洋戦争までの、それまでの「社会の規律」が変化する時代にも多くの新宗教が生まれた。たとえば、一九三五年に立教した「世界救世教」（教祖、岡田茂吉）は、「光」と書かれた半紙（最初は扇だった）の〝お守り〟を身に着けていると、「戦争に行っても弾に当たらない」、「空襲を受けても、家が燃えない」といった教えを説いて、巨万の布施（富）を集めた。

「苦しい時の神頼み」といった、救いを求める庶民の願いを、新宗教は幅広く受け止めることで誕生してきた。

戦後、一九六〇年代からの高度経済成長時代は、庶民が「貧・病・争」の悩みから抜け出すために宗教にすがる気持ちを減少させた。だが、当時の経済成長を支えたのは、「夫は企業（会社）、妻は家事・育児」という性別役割分業の一般化であり、一九八〇年代になると、その役割に従事してきた「子育て後」の主婦の「心の空洞化」に応えた新宗教が、再び増加を始めた（私が『主婦を魅する新宗教』を著したのもこの時期である）。

一九九〇年代になると、若者たちをターゲットにした統一協会やオウム真理教などの「カルト集団」の問題が顕在化した。ここでは、いわゆるご利益の追求よりも、自己変革や超能力の追求手段として、「神秘的・呪術的」な新宗教がもてはやされた。高度資本主義の波頭に押し上げられた人々の、飽食時代の飢餓感情、目標喪失感などに応える形での台頭であった。そして一九九五年、ついにオウム真理教による地下鉄サリン事件が起こった。マインド・コントロールという言葉も、ここで多くの人に知られることになる。

そして現在。ますます蔓延し、そして行き詰まりを見せている新自由主義の侵食によって、「年功序列」から「成果主義」へと働き方が変わり、社会の様相も一変し始めた。

二〇二〇年の春からの新型コロナウイルスの感染拡大は、「働き方の効率化」を謳って生まれた「非正規労働」の陥穽をあらためて私たちに突きつけ、結果、「格差と貧困」はさらに拡大することになった。家庭内DVや児童虐待も増加し、多くの人たちが莫大な「不安」を抱えて生きる時代になっている。

NHKが五年毎に調査・発表を行っている「現代日本人の意識構造」によると、九〇年代まで、「宗教心」について、「信じていない」割合に変化はない。

しかし、二〇〇三年から二〇〇八年には、「信じていない」の層の増減はないが、「仏」「あの世」「奇跡」「お守り・お札の力」を信じている人が増加している。特徴は、信じている人の割合に、「若者」や「中高年」が多いことである。

これは、経済の新自由主義化の時期に重なる。会社があってこその「安定した生活」が崩壊して、価値観の変化が要求され始めたことと無関係ではないだろう。

街を歩くと、定年後と思われる男性が「ものみの塔」の冊子を配っている光景が目に入る。「金（献金）を出せば出すほど、あなたと神との道は太くなる」という「新宗教ビジネス」は、お金を第一の「価値」とする新自由主義的な社会に裏づけられていないだろうか。

各地に建設された新宗教団体施設からもわかるように、新宗教は不動産や建築業界とも関係が深い。ここに出版なども加わり、「新宗教ビジネス」と呼ばれるほど、その経済への影響力は無視することはできない。

なにより、この「新宗教ブーム」が「政治」と結びつき、その「票」集めに利用されているのは、由々しきことではないか。

菅政権の多くの閣僚が統一協会や日本会議のメンバーであることを知った時は、私も驚いた。政治家にも「信仰の自由」があるのだから、新宗教を信じること自体を否定するつもりはない。だが、統一協会など、霊感商法などによる詐欺的な反社会的行為の被害者を現在も生み続けている新宗教とつながりがあるのは、いかがなものだろうか。

最後に、二〇二一年の現在にあっても、新宗教の「女性観」が相変わらず「男尊女卑」であったことに失望と怒りを感じたことを記しておく。

本書を執筆するにあたって、全国統一協会被害者家族の会の事務局の皆様や、全国霊感商法対策弁護士連絡会の事務局長・山口広弁護士、連絡会の吉田正穂弁護士らに大変お世話になった。ここに改めて感謝の意を表したい。特に、山口広弁護士には、お忙しいなか監修の労を取っていただいたことに、心より御礼を申し上げたい。

また、本書の帯に推薦の言葉を寄せていただいた社会評論家の佐高信さんにも心より御礼申し上げる。

長年の友人で、佐高信さんへの紹介の労を取っていただいた斎藤勁氏（元内閣副官房長官）にも、心よりの御礼を送りたい。また、家庭連合の講演会チラシを渡していただくなど、励まして下さった友人たち。そして、二五年ぶりの新宗教についての資料集めにお力をお借りした、近藤昌夫さんにも感謝申し上げる。

そして、統一協会についての取材にあたった柏尾安希子記者をはじめ、「社説」にまで取り上げていただいた地元紙神奈川新聞にも、その勇気と実行力に、大きな拍手と感謝の言葉を送りたいと思う。

最後に、この著が出版できたのも、花伝社の平田勝社長、編集者の大澤茉実さんのお力があってこそと御礼を申し上げる。

二〇二一年三月

いのうえせつこ

参考図書

『暗黒のスキャンダル国家』（河出書房新社）青木理、二〇一九年
『安保法制下で進む！　先制攻撃できる自衛隊――新防衛大綱・中期防がもたらすもの』（あけび書房）半田滋、二〇一九年
『生き心地の良い町――この自殺率の低さには理由がある』（講談社）岡檀、二〇一三年
『A3』（集英社インターナショナル）森達也、二〇一〇年
『悔悟――オウム真理教元信徒・広瀬健一の手記』（朝日新聞出版）広瀬健一、二〇一九年
『カルト宗教事件の深層――「スピリチュアル・アビュース」の論理』（春秋社）藤田庄市、二〇一七年
『カルトって知ってますか？』（日本キリスト教団カルト問題連絡会）カルト問題キリスト教連絡会編、二〇一九年
『軍事研究』（ジャパン・ミリタリー・レビュー）二〇二〇年五月号
『決定版　マインド・コントロール』（アスコム）紀藤正樹、二〇一七年
『検証・統一協会＝家庭連合』（緑風出版）山口広、二〇一七年
『幸福の科学との訣別――私の父は大川隆法だった』（文藝春秋）宏洋、二〇二〇年
『御書に学ぶ女性の生き方』（聖教新聞社）八矢弓子、一九七七年

『さよなら、サイレント・ネイビー――地下鉄に乗った同級生』（集英社）伊東乾、二〇〇六年
『サリン事件死刑囚　中川智正との対話』（角川書店）アンソニー・トゥー、二〇一八年
『宗教と子どもたち（子どもの人権双書）』（明石書店）中川明編、二〇〇一年
『主婦を魅する新宗教』（谷沢書房）いのうえせつこ、一九八八年
『女性たちの保守運動――右傾化する日本社会のジェンダー』（人文書院）鈴木彩加、二〇一九年
『女性への暴力――妻や恋人への暴力は犯罪』（新評論）いのうえせつこ、二〇〇一年
『女性らしさの成功社会学――女性らしさを「武器」にすることは可能か』（幸福の科学出版）大川隆法、二〇一四年
『自立への苦闘――統一協会を脱会して』（教文館）全国統一協会被害者家族の会編、二〇〇五年
『新興宗教ブームと女性（増補版）』（新評論）いのうえせつこ、一九九五年
『新宗教を問う――近代日本人と救いの信仰』（筑摩書房）島薗進、二〇二〇年
『洗脳――地獄の12年からの生還』（講談社）Toshl、二〇一四年
『男女共同参画白書（令和元年）』（全国官報販売協同組合）内閣府男女共同参画局編、二〇一九年
『徹底検証　日本の右傾化』（筑摩書房）塚田穂高編著、二〇一七年
『天地人たり』（神奈川新聞社）牧内良平、二〇一七年
『統一教会――日本宣教の戦略と韓日祝福』（北海道大学出版）櫻井義秀・中西尋子、二〇一〇年
『同調圧力――日本社会はなぜ息苦しいのか』（講談社）鴻上尚史・佐藤直樹、二〇二〇年

参考文献

『ドキュメント　日本会議』（筑摩書房）藤生明、二〇一七年
『なぜ日本人は世間と寝たがるのか――空気を読む家族』（春秋社）佐藤直樹、二〇一三年
『日本会議の全貌――知られざる巨大組織の実態』（花伝社）俵義文、二〇一六年
『日本会議の研究』（扶桑社）菅野完、二〇一六年
『日本会議の野望――極右組織が目論む「この国のかたち」』（花伝社）俵義文、二〇一八年
『日本の軍歌――国民的音楽の歴史』（幻冬舎）辻田真佐憲、二〇一四年
『非国民な女たち――戦時下のパーマとモンペ』（中央公論新社）飯田未希、二〇二〇年
『ファシズムの教室――なぜ集団は暴走するのか』（大月書店）田野大輔、二〇二〇年
『弁護士白書（2019年版）』（日本弁護士連合会）日本弁護士連合会、二〇一九年
『マインド・コントロール（増補改訂版）』（文藝春秋）岡田尊司、二〇一六年
『未成年』（新潮社）イアン・マキューアン、村松潔訳、二〇一五年
『メディアが動かすアメリカ――民主政治とジャーナリズム』（筑摩書房）渡辺将人、二〇二〇年
『要塞化する琉球弧――怖るべきミサイル戦争の実験場！』（社会批評社）小西誠、二〇一九年
『よく宗教勧誘に来る人の家に生まれた子の話』（講談社）いしいさや、二〇一七年
『わが父文鮮明の正体』（文藝春秋）洪蘭淑、一九九八年

猪瀬優理「宗教集団における「ジェンダー」の再生産――創価学会員の入信動機に注目して」『現代社会学研究』13、六一―七九頁、二〇〇〇年
櫻井義秀「キャンパス内のカルト問題――学生はなぜ摂理にはいるのか」『高等教育ジャーナル――高等教育と生涯学習』15、一―一〇頁、二〇〇七年
櫻井義秀「「マインド・コントロール」論争と裁判――「強制的説得」と「不法行為責任」をめぐって」『北大文学研究紀要』109、五九―一七五頁、二〇〇三年
櫻井義秀「「カルト」の被害をどう食い止めるか――摂理とキャンパス内勧誘」『中央公論』10、一四二―一四九頁、二〇〇六年
間宮正幸「現代社会と宗教心理」『心理学』18(2)、一―一〇頁、一九九六年

いのうえせつこ
本名井上節子。1939年岐阜県大垣市生まれ。横浜市在住。県立大垣北高校・京都府立大学卒。子ども、女性、平和などの市民運動を経て女性の視点で取材・執筆・講演活動。フリーライター。一般社団法人日本コンテンツ審査センター諮問委員。一般社団法人AV人権倫理機構監事。NPO法人精舎こどもファンド代表。NPO法人あんしんネット代表。
著書として、『ウサギと化学兵器——日本の毒ガス兵器開発と戦後』『地震は貧困に襲いかかる——「阪神・淡路大震災」死者6437人の叫び』（花伝社）、『女子挺身隊の記録』『占領軍慰安所——敗戦秘史 国家による売春施設』『子ども虐待——悲劇の連鎖を断つために』『女性への暴力——妻や恋人への暴力は犯罪』『高齢者虐待』『多発する少女買春——子どもを買う男たち』『AV産業——一兆円市場のメカニズム』『買春する男たち』『新興宗教ブームと女性』『帰ってきた日章旗——ある二等兵の足跡・太平洋戦争再考』（新評論）、『主婦を魅する新宗教』『結婚が変わる』（谷沢書房）、『海と緑の女たち——三宅島と逗子』（社会評論社）、『78歳　ひとりから』（私家版）。ほか共著多数。

［監修］山口　広（やまぐち・ひろし）
1949年福岡県生まれ。1972年東京大学法学部卒業。1978年4月弁護士登録（第二東京弁護士会所属・東京共同法律事務所在籍）。1987年5月全国霊感商法対策弁護士連絡会事務局長（2021年3月まで）。

新宗教の現在地——信仰と政治権力の接近

2021年3月10日　初版第1刷発行
2022年8月 1日　初版第2刷発行

著者 ——いのうえせつこ
発行者 ——平田　勝
発行 ——花伝社
発売 ——共栄書房
〒101-0065　東京都千代田区西神田2-5-11出版輸送ビル2F
電話　03-3263-3813
FAX　03-3239-8272
E-mail　info@kadensha.net
URL　http://www.kadensha.net
振替 ——00140-6-59661
装幀 ——佐々木正見（ササキデザイン）
印刷・製本—中央精版印刷株式会社

ISBN978-4-7634-0957-7 C0036